»Ich bitte dich, lieber Fremdling,
komme doch endlich einmal nach Hause,
du bist stets nicht bei dir,
und es ist so hübsch bei dir.
Versuch es nur und komm zu dir selbst,
du wirst deine Heimat finden
und dann immer mit dir tragen.«

(Sophie Mereau)

Christoph Kreitmeir, geboren 1962, von 1984-2017 Franziskaner, Lic. Theol., Dipl. Sozialpädagoge (FH), zertifizierte Ausbildung in Logotherapie und Weiterbildung in klientenzentrierter Gesprächsführung und Wertimagination, langjährige Tätigkeit im Bereich der Seelsorge, der geistlichen Begleitung und kirchlichen Beratung zu Lebensfragen. Nach über 11 Jahren in der Wallfahrtsseelsorge in Vierzehnheiligen/Bad Staffelstein und einer Zwischenstation im Kloster Frauenberg/Fulda arbeitet Christoph Kreitmeir nun als Klinikseelsorger am Klinikum Ingolstadt in der Diözese Eichstätt. Neben seiner langjährigen Vortragstätigkeit zu Sinn- und Lebensfragen in der Erwachsenenbildung, im Radio Horeb und als Mitglied in der »Deutschen Gesellschaft für Logotherapie und Existenzanalyse« ist er ein erfolgreicher Buchautor.

www.christoph-kreitmeir.de

Christoph Kreitmeir
**Der Seele eine
Heimat geben**
Spirituelle Impulse
für ein gutes Leben

INHALT

VORWORT 8

SEHNSUCHT NACH HEIMAT 13
- Was ist Seele? 14
- Was ist Heimat? 21
- Heimat ist wieder in 24
- Heimat – Herkunft und Zukunft zugleich 25

SUCHE NACH SEELENRUHE UND SEELENFRIEDEN 27
- Sehnsucht – Motor des Lebens 28
- Ungewissheitsmanagement – Sicherheit in der Unsicherheit 30
- William Paul Young – Undenkbares begreifbar machen 31
- Ratlosigkeit – Wege zu einer inneren Wandlung 32

ENTSCHLEUNIGUNG FÜHRT ZUM ZIEL 34
- Getriebensein – Das Grundgefühl moderner Menschen 35
- Verlust des Jenseits – Gnadenloses Diesseits 36
- Entschleunigung – Heilmittel gegen Ruhelosigkeit 37

Geduld und Warten-können als Lebenskunst 38
Der Marshmallowtest 40
Geduld lohnt sich 40
Geduld als geistliche Tugend 41
Die Kunst der Verlangsamung 42
Verschiedene Ausformungen
der Slowbewegung 43

RÜCKZUG – ALLEINSEIN – AUFTANKEN 50

Unterscheidung zwischen Einsamkeit
und Alleinsein 51
Die Schattenseiten des Alleinseins 53
Alleinsein als Lebenskunst 55
Alleinsein als heilsame Strategie 57
Wir müssen lernen, gern allein zu sein 60
Der Mehrwert positiven Alleinseins 61
Voraussetzungen für positives Alleinsein 63

STILLE – ANDERWELT UND LICHTBLICK 66

Geborgenheitserfahrungen machen
die Seele reich 67
Räume der Stille als Ruheinseln 69
Stille – faszinierend und angstmachend
zugleich 71
Stille – der Königsweg zu uns selbst 75
Stille führt in die Innenwelterfahrung,
in die Mystik 79

DEN INNEREN RAUM ENTDECKEN UND DARIN LEBEN ... 83

- Go not anywhere, go deep! ... 84
- Schritte zu einem guten Leben ... 85
- Das Tor zur Vertiefung geht nach innen auf ... 86
- Weitere Königswege nach innen: Lieben und Leiden ... 87
- Innere Seelenräume – Orte der Ruhe, Heimat und des Friedens ... 90
- Geführte Wanderung durch die Innenwelt der Seele ... 91
- Begegnung mit dem inneren Kind ... 94
- Die Suche nach der Herzheimat ... 95
- Wertschätzung der Meditation in der Psychologie ... 98
- Stille und Meditation als Begegnungshilfen zu sich selbst ... 99
- Die besondere Kraft stiller Menschen ... 101

INNERE TIEFE SPÜREN – DER WEG DER MYSTIK HEUTE ... 104

- Ein persönliches Zeugnis ... 105
- Entdecken der Jesus- oder Christusspur im eigenen Leben ... 109
- Entwicklung der Mystik heute – von Ablehnung bis zur Notwendigkeit ... 110
- »Mystiker – Der innere Weg zu Gott« 2018 und 2019 ... 112

Moderne Wege in die Stille 114
Jörg Zink – Wegbeschreibungen der spirituellen Innenwelt 115
Kennzeichen moderner Mystik 123
Lebemeister UND Lesemeister 124

ANMERKUNGEN 129
LITERATURVERZEICHNIS 149
QUELLENNACHWEIS 156

VORWORT

Ich empfinde beim Schreiben eines Buches immer wieder ein Wohlgefühl, auch wenn es natürlich Arbeit ist. Dieses Buch ist in einer persönlich bewegten Zeit meines Lebens meist abends oder an meinen freien Tagen entstanden, wenn ich nicht in die vielfältige Arbeit eines Klinikseelsorgers eingespannt war.

Seit Februar 2017 befinde ich mich in einem persönlichen Wandel in meinem Leben. Nach 33 Jahren im Orden der Franziskaner wechselte ich in die Diözese Eichstätt, wo ich seit Juli 2017 als Priester und Klinikseelsorger am Klinikum Ingolstadt arbeite. Der Wechsel vom Klosterleben in ein selbstverantwortliches Arbeiten innerhalb eines Teams in der Klinikseelsorge verbunden mit dem Eingewöhnen in eine neue Stadt und Umgebung und vor allem das Bewältigen von Haushalt und vielem mehr ist ein spannendes Abenteuer, das herausfordert, das ich aber nicht missen möchte.

Leider musste ich innerhalb des letzten Jahres selbst mit zwei Krankheitseinbrüchen zurechtkommen, die mir einerseits zeigten, wie wichtig es ist, eine gute Balance zwischen Arbeit und Freizeit herzustellen, die mir andererseits aber auch die Wichtigkeit meiner Seelsorgearbeit zeigten: Ich erlebte am eigenen Leib das Bedürfnis nach Verständnis, Trost, Sinn und einer nicht zuletzt religiösen Sehnsucht nach Heimat und Geborgenheit in der Ungeborgenheit einer Krankheitserfahrung bzw. eines Krankenhausaufenthaltes. Folgende persönliche Erfahrung soll dies unterstreichen.

Ende Januar 2019 war es endlich wieder einmal so weit: Ich konnte vor großem Publikum an einem freien Tag einen Vortrag im Zwischenbereich von Spiritualität und Lebenshilfe in der Nähe von Augsburg halten. Ich liebe es, Vorträge zu halten, und habe dies in meiner Zeit zwischen 2005 und 2016 in Oberfranken und darüber hinaus vielfach tun können.

Gleich zu Beginn meines Vortrages mit dem Thema »Wer sagt mir eigentlich, wo's langgeht? Sinn- und Wertediskussion heute« – es ging mir am Vorabend und in der Nacht zuvor schon nicht gut – brach ich zusammen.

Danach das bekannte Procedere: Erstversorgung im Sanitätszimmer, Notarzt und Krankentransport mit Blaulicht und Sirene ins Zentralklinikum Augsburg, Notaufnahme, Intensivstation, Operation, Normalstation, Vierbettzimmer.

Zuerst war ich mit 56 Jahren der Jüngste, nach ein paar Tagen dann der Senior des Krankenzimmers. Eine Woche Aufenthalt mit großen Schmerzen, dem allmählichen Sich-wieder-Einpendeln und der Frage, was eigentlich mit mir los sei.

Sehr bald kam ich mit dem Krankenhausseelsorger in Kontakt, der für die Station zuständig war, auf der ich lag. Gegen Ende meines Aufenthaltes, nachdem ich mich wieder entsprechend bewegen konnte, entdeckte ich die Krankenhauskapelle und das Motto der Augsburger Klinikseelsorge: »Der Seele Raum geben.« Dort heißt es: »*Oft ist ein Krankenhausaufenthalt mit großen Verunsicherungen verbunden: Lebensplanungen werden durchkreuzt, Fragen werden neu gestellt und der Glaube an einen wohlmeinenden Gott kann in Bedrängnis geraten.*«[1]

Der Seele Raum geben. Mein Buch, das Sie nun in Händen halten, heißt: Der Seele eine Heimat geben. Ich finde diese »zufälligen« Zusammenhänge wirklich interessant …

Ich habe das Buch im Herbst 2018 zu schreiben begonnen in dem Wissen, dass die Fragen nach »Seele« und »Heimat« in moderner Zeit neue Antworten brauchen.

Meine vielfältigen Kontakte mit Menschen zeigten mir im Laufe der letzten Jahre, dass die damit verbundenen Fragen auch heute, gerade heute vielen Zeitgenossen und Zeitgenossinnen auf den Nägeln brennen. Auf vielfältige Weise suchen sie, genauso wie auch ich selbst auf der Suche bin.

Die vielen Skandale der letzten Jahre vor allem innerhalb der katholischen Kirche lassen das meiner Überzeugung nach immer noch aktuelle Angebot dieser Religion leider in den Hintergrund treten. Die hilfreiche Botschaft des Christentums wird durch das derzeitige Auftreten von Teilen des Bodenpersonals Gottes massiv verdunkelt, was ich persönlich sehr schade finde und was mir richtig weh tut. Während des schon geschilderten Krankenhausaufenthaltes in einem Vierbettzimmer musste ich mich mit meinen eigenen Fragen auseinandersetzen. Gleichzeitig begegneten mir insgesamt sieben andere Biografien mit Krankheitsgeschichten. Anfangs hielt ich mich zurück im »Outen«, dass ich ein katholischer Geistlicher bin. Erst als persönliche Beziehungen geknüpft und vertieft wurden, indem ich eigenes und das Leid der anderen zu bewältigen suchte, entstand eine Atmosphäre sich gegenseitig unterstützender Solidarität. Gespräche zwischen den Zeiten, während der Essenszeiten, das gegenseitige sich Helfen, das sich Freuen an den Beziehungen und Besuchen der anderen und den eigenen, das Mitfühlen, wenn Freundschaften oder Beziehungen zerbrochen oder belastet sind, und immer wieder die Frage zwischen »tausend« Terminen im Klinikalltag und Schmerzen körperlicher und seelischer Natur: Wo bin ich daheim? Wo ist die Heimat meiner Leidensgenossen?

Diese Erfahrung möchte ich nicht mehr missen. Meine insgesamt sieben Zimmergenossen waren zwischen 26 und 84 Jahre alt mit schweren und sehr schweren Krankheiten, teilweise mit der Diagnose unheilbar. Die Fragen »Wo geht's bei mir eigentlich hin?«, »Wo habe ich meine Heimat?«, »Worin liegt der Sinn dieser Erfahrung?«, »Gibt es einen Gott?«, »Warum lässt er mich das alles erleben und erleiden?« und viele mehr wurden zwar so nicht gestellt, sie waren aber immer wieder spürbar, ja greifbar im Raum des Krankenzimmers, im Raum der einzelnen Biografien und Seelen.

Ich hatte Ende Januar 2019 das Manuskript zu diesem Buch schon fast fertig. Dieses Vorwort schrieb ich im Februar, erstaunt darüber, dass ich diese Erfahrungen genau zu diesem Zeitpunkt machen musste. Mein geistlicher Begleiter aus München, **P. Karl Kern SJ**, schrieb mir während des Krankenhausaufenthaltes in seiner knappen, aber sehr wertvollen Art eine WhatsApp mit einem Ausspruch von Dietrich Bonhoeffer: »*… in den Tatsachen ist Gott.*«[2]

Das Reden von Gott ist nur sinnvoll, wenn es in Bezug auf die menschliche Existenz und sein existentielles Betroffensein in konkreten Situationen geschieht.[3]

Mir wurde bewusst, dass das im Buch Erarbeitete wirklich etwas sehr Wichtiges ist für die Beantwortung existentieller Fragen wie »Wo komme ich her?«, »Wo gehe ich hin?«, »Wo gehöre ich hin?« »Warum leiden?«, »Woher kommen mir Kraft und Hilfe?«.

Im Buch werden die Tatsachen des Lebens angesehen und dabei mehr und mehr entdeckt, dass Gott sich in den Tatsachen des Lebens zeigen kann. Es geht darum, die Sehnsucht nach Heimat, nach Seelenruhe und Seelenfrieden überhaupt wahrzunehmen und neu spüren zu lernen. Weiterhin geht es darum, gangbare Wege zu finden, um im Strudel des Lebens eine Lebenskönnerschaft zu entwickeln und ein Lebenskünstler zu werden. Entschleunigung, Rückzug, Alleinsein und Auftanken und das Entdecken der Anderwelt Stille sind solche positiven Wege, die zugleich die Tür nach innen aufschließen können. Und genau darauf zielt das Buch: Den inneren Raum entdecken, erschließen und darin leben, die eigene innere Tiefe erspüren lernen und dabei den altbewährten Weg der Mystik für sich selbst in moderner Aufwartung beschreiten.

> »Ich bitte dich, lieber Fremdling,
> komme doch endlich einmal nach Hause,
> du bist stets nicht bei dir,
> und es ist so hübsch bei dir.
> Versuch es nur und komm zu dir selbst,
> du wirst deine Heimat finden
> und dann immer mit dir tragen.«
>
> (Sophie Mereau)[4]

SEHNSUCHT NACH HEIMAT

Vereinsamt

*Die Krähen schrei'n
Und ziehen schwirren Flugs zur Stadt:
Bald wird es schnei'n –
Wohl dem, der jetzt noch – Heimat hat!*

*Nun stehst du starr,
Schaust rückwärts ach! wie lange schon!
Was bist du, Narr,
Vor Winters in die Welt – entflohn?*

*Die Welt – ein Tor
Zu tausend Wüsten stumm und kalt!
Wer Das verlor,
Was du verlorst, macht nirgends Halt.*

*Nun stehst du bleich,
Zur Winter-Wanderschaft verflucht,
Dem Rauche gleich,
Der stets nach kältern Himmeln sucht.*

*Flieg', Vogel, schnarr'
Dein Lied im Wüsten-Vogel-Ton! –
Versteck' du Narr,
Dein blutend Herz in Eis und Hohn!*

*Die Krähen schrei'n
Und ziehen schwirren Flugs zur Stadt:
Bald wird es schnei'n –
Weh dem, der keine Heimat hat!* [5]

(Friedrich Nietzsche)

Was ist Seele?

Ohne mir dessen bewusst zu sein, verwendete ich beim Entwerfen des Titels dieses Buches »*Der Seele eine Heimat geben*« zwei Schlüsselbegriffe, die Grundbedürfnisse heutiger Zeitgenossen ansprechen. Es sind die Worte »Seele« und »Heimat«.

»Seele« hat heute wieder Konjunktur, dieses Wort taucht in vielen Buchtiteln der letzten Jahre auf, es gibt ein neues und existentielles Interesse an Innerlichkeit, an einer Art Rückzug, weil unsere technisierte, materielle und ökonomisierte Welt zurzeit zu einem seelenlosen Ort zu verkommen scheint. Das Interesse an der »Seele« war nicht immer so groß. Die »Seele« verschwand paradoxerweise in den letzten 100 Jahren nahezu aus der Wissenschaft, die sich mit der »Seele« beschäftigt, der Psychologie. Ende 2015 stellt **Steve Ayan** in der Fachzeitschrift »Spektrum der Wissenschaft« fest: »*Nach einer Auswertung des Psychologen Ulrich Weger von der Universität Witten/Herdecke enthielten im Jahr 2014 nur 387 Fachartikel in der Datenbank ›ISI Web of Knowledge‹ das Wort ›soul‹ – ›brain‹ (Gehirn) dagegen 37.422. In psychologischen Journalen war von der Seele im gleichen Jahr nur ganze zwei Mal die Rede. Die Seelenkunde, wie sie manchmal noch genannt wird, hat sich zu einer ›Wissenschaft ohne Seele‹ entwickelt.*«[6] Vier Jahre später, nämlich Anfang 2019, fragt **Matthias Jung**[7] in der renommierten Zeitschrift »Psychologie Heute« danach, was von der Seele bleibt, ob dieser Begriff überholt erscheint und ob die Seele vielleicht doch nicht unverzichtbar ist?

Es gibt eine zunehmende Tendenz, all das, was bisher mit »Seele« umschrieben wurde, heute im Gehirn anzusiedeln. Das Gehirn, dessen viele Windungen sogar für Fachleute zu einem hohen Prozentsatz in seinem »Funktionieren« bis heute letztlich nicht erklärbar sind, wird das Organ des 21. Jahrhunderts werden. Es werden hier noch viele erstaunliche Erkenntnisse und medizinische Entwicklungen auf uns zukommen. Mittlerweile werden Neurologen und Neurowissenschaftler fast schon wie eine neue Priesterschaft einer neuen Quasireligion angesehen und kaum ein halbwegs ernstzunehmendes Buch kommt ohne Hinweise auf die Neurologie mehr aus. Gottlob gibt es mittlerweile auch Vertreter dieses Berufsfeldes, die Psychologie, Hirnforschung, Spiritualität und Seelenleben auf gute Weise verbinden. Dies unternimmt beispielsweise der französische Bestsellerautor **Boris Cyrulnik** in seinem Buch »Glauben – Psychologie und Hirnforschung entschlüsseln, wie Spiritualität uns stärkt«. Cyrulnik, selbst Atheist, stellt darin die Ergebnisse seiner Untersuchungen als Neuropsychiater und Resilienz- und Bindungsforscher dar. Er zeigt, wo im Gehirn spirituelles Bewusstsein angesiedelt ist und wie es uns verändert. Mit Hilfe seines Buches sollen sowohl Gläubige als auch Zweifler die eigenen spirituellen Ressourcen kennenlernen und stärken.

»Seele« ist nicht reduzierbar, sie ist unverzichtbar. Immer mehr Menschen lechzen nach Seelenoasen in den Wüsten seelenloser Alltagsrealitäten.

Der Psychologe, Psychotherapeut und Theologe **Wunibald Müller** schreibt der Psychologie allgemein ins Stammbuch: Sie »*tut gut daran, sich wieder mehr um die Seele zu kümmern. Sie muss sich fragen lassen, ob sie nicht, wenn sie die Seele vernachlässigt, entthront oder entmythologisiert, das Wertvollste, was sie anzubieten hat, vergibt.*«[8] Und der meistgelesene spirituelle Autor Europas, der Theologe und Benediktiner **Anselm Grün**, ergänzt: »*Bereits C.G. Jung bekämpft eine Psychologie ohne Seele und wirbt für eine Psychologie mit Seele. Damit meint er eine Psychologie, in der die Seele von einem geistigen Prinzip hergeleitet wird. ›Die Seele ist an und für sich ein unräumliches Wesen, und weil* *sie vor dem körperlichen Dasein und nach ihm ist, so ist sie auch zeitlos und praktisch unsterblich.‹ Jung ist sich bewusst, dass diese Auffassung für eine moderne wissenschaftliche Psychologie eine Illusion ist. Aber trotzdem erkennt er als Empiriker, dass die Seele Zeit und Raum übersteigt.*«[9]

Und der Begriff »Heimat« mit allem, was er in uns zum Klingen bringt, ist heutzutage megain, wie wir später noch im Detail sehen werden. Auch hier häufen sich die Veröffentlichungen, um der Sehnsucht nach neuer Geborgenheit, Zugehörigkeit, Wärme und Wurzeln in einer modernen Unbehaustheit Nahrung zu geben. Die Franziskanerin **Mirjam Schambeck** ging dieser Sehnsucht in ihrem Buch »Unbehauste Heimat« nach und benannte die verschiedenen Formen der Sehnsucht nach Heimat sehr griffig[10]:

- Heimat ist da, wo die Menschen sind, die ich liebe – Von der Sehnsucht nach Verlässlichkeit in Zeiten zerbrechlicher Beziehungen.
- Heimat ist da, wo man meine Sprache spricht – Von der Sehnsucht, verstanden zu werden.
- Heimat ist da, wo Erzählungen geteilt werden – Von der Sehnsucht dazuzugehören.
- Heimat ist da, wo ich wohne – Von der Sehnsucht nach einem Zuhause angesichts von Mobilität und Migration.
- Heimat ist da, wo Alltag und Feiern Halt geben – Von der Sehnsucht nach Struktur und Freiheit.
- Heimat ist da, wo ich bei mir zu Hause bin – Von der Sehnsucht, ich selbst zu sein.
- Heimat ist da, wo Gott ist – Von der Sehnsucht, die »transzendentale Unbehaustheit« in Gott zu beheimaten.
- Heimat ist Nicht-Ort und konkrete Erfahrung zugleich – Zwischen Utopie und Hoffnung.

Beim Schreiben des Buches ist mir nach und nach bewusster geworden, dass diese und ähnliche Themen auch meine Fragen sind, mein Unbewusstes mich also geleitet und gelenkt hatte, um für mich selbst Antworten zu finden und gleichzeitig dem Empfinden so vieler Zeitgenossen vielleicht für ihr Fragen und Suchen auch Formulierungshilfen zu geben.

Zurück zur »Seele« und der Frage, was die Seele ist, ob es sie überhaupt gibt, wie sie beschaffen ist, wo sie innerhalb oder außerhalb des Körpers wohnt ...
Darüber sind schon Bibliotheken geschrieben worden. Diese Frage treibt die Menschen um, seit sie zur Spezies des Homo sapiens gehören. Schon vor ca. 15.000 Jahren stellten die Höhlenmalereien von Lascaux im Südwesten Frankreichs die Seele der Toten als einen Vogel dar. Die Onlineenzyklopädie Wikipedia zeigt in einem sehr ausführlichen und sehr guten Beitrag mit dem Stichwort »Seele«[11] die ethymologische, geschichtliche, theologische, philosophische, psychologische, spirituelle und neuzeitliche Auseinandersetzung mit dem Phänomen »Seele« in exzellenter Weise auf. All die verschiedenen Verstehensmodelle, all die Problematiken (z.B. Leib-Seele-Problematik, Dualismus, Monismus) und die neuzeitlichen Tendenzen, die Seele wegzudiskutieren oder neurobiologisch-verkürzt zu erklären, werden hier sehr gut dargestellt.

Im süddeutschen Raum gibt es Seelen beim Bäcker zu kaufen. Sie sind eigentlich kross gebackene Baguettes mit Salz und Kümmel, ca. 20 cm lang, und schmecken hervorragend. Dass dieses Gebäck »Seele« heißt, hängt mit dem Fest »Allerseelen« zusammen, wo dieses Gebäck aus der Taufe gehoben wurde.[12]

Da wir im europäischen Raum leben, ist hier die Bedeutung der Seele aus jüdischer Sicht von besonderem

Interesse, da die jüdische Geistigkeit die Grundlage jüdisch-christlich-abendländischen Denkens ist. Der Chefredakteur der jüdisch-orthodoxen Zeitschrift »Chabad«[13], **Yanki Tauber**, zitiert die Weisen der Thora, welche die menschliche Seele mit fünf Namen umschreiben: »*Nefesch (Seele), Ruach (Geist), Neschama (Atem), Chaja (Leben) und Jechida (Einheit). Die chassidischen Meister erklären, dass die fünf Namen der Seele für fünf Stufen oder fünf Dimensionen stehen. Nefesch ist der Motor des physischen Lebens. Ruach bezieht sich auf das emotionale Ich und die ›Persönlichkeit‹. Neschama ist das intellektuelle Ich. Chaja ist das überrationale Ich – der Sitz des Willens, des Verlangens und des Glaubens. Jechida impliziert das Wesen der Seele – die Einheit mit ihrem Ursprung, dem einzigartigen Wesen von G-tt. Somit ist das Wesen der Seele des Menschen ›buchstäblich ein Teil von G-tt – ein Teil von G-tt in uns.‹*«[14]

All die geistesgeschichtlichen Weiterentwicklungen des Verständnisses von »Seele« wären hochinteressant hier zu beschreiben, sprengen aber eindeutig das von mir Beabsichtigte.

Deshalb hier nur in Kürze: Die griechische Philosophie spielt bei der Entwicklung des Seelenbegriffes und Seelenverständnisses eine sehr wichtige Rolle. Aristoteles, Platon, Epikur, die Stoiker und deren Philosophieschulen sind hier besonders zu erwähnen. Die in den letzten Jahren in Berlin, Göppingen und Ingolstadt gezeigte Ausstellung mit dem Titel »Die Seele ist ein Oktopus« stellt beispielsweise das Verständnis der Stoiker dar, welche sich die Seele wie einen achtarmigen Oktopus dachten, »*dessen Arme die fünf Sinne, das Denken, Sprechen und die Fortpflanzung symbolisierten.*«[15]

Im Laufe der Geschichte gab es auch abenteuerliche Versuche, die Existenz der Seele nachzuweisen. So wog

1902 der amerikanische Arzt **Duncan MacDougall** »*sechs sterbende Patienten – vor und nach deren Tod. Die Gewichtsdifferenz zwischen den lebendigen und toten Körpern betrug nach MacDougalls Angaben durchschnittlich 21 Gramm (die leichteste wog 8 Gramm, die schwerste 35).*«[16] Dass die Seele also 21 Gramm wiegen sollte, animierte 2003 den Regisseur **Alejandro González Iñárritu** dazu, einen Film mit dem Titel »21 Gramm« zu machen.

70 Prozent der Deutschen[17] glauben laut einer repräsentativen Umfrage des Onlinedienstes Statista aus dem Jahr 2015 an die Existenz der Seele, wobei dieser »Glaube« von religiösen Überzeugungen im engeren Sinne relativ unabhängig zu sein scheint. »Seele« und die Idee einer unsterblichen Existenz prägte jahrhundertelang das Selbstverständnis der Menschen. »Seele« wurde und wird aber auch als Kompensation dafür gesehen, dass uns das eigene Nichtsein unbegreiflich ist: Wie wird es sein, wenn ich tot bin? Dies übersteigt unsere Vorstellungskraft. Daraus ergibt sich ein weiterer Denk- und Argumentationsstrang: Der Begriff »Seele« sei in erster Linie ein Trick, mit dem wir die Angst vor dem Tod vertreiben wollen.

»Seele« ist wie ein Platzhalter für ein »Mehr«, das sich letztlich nicht erklären lässt. Und noch viel wichtiger: Der Begriff »Seele« ist mehr als das psychologische Konstrukt des »Selbst«. Die Seelenvergessenheit der Moderne bringt dann z. B. Ethiker wie **Peter Singer** hervor, die Menschen das Menschsein absprechen, wenn sie wie z.B. Neugeborene, Schwerstgeistigbehinderte, Komatöse oder schwer Demente nicht über Rationalität oder Selbstbewusstsein verfügen. Solch gefährlichen Entwicklungen steht der Grundgedanke gegenüber, dass hinter der Seele eine Menschenwürde steht.

Die beiden Seelenkenner und Bestsellerautoren, der Psychologe, Psychotherapeut und Theologe **Wunibald**

Müller und der Theologe und Benediktinermönch **Anselm Grün**, haben sich mit ihrem Wissen und ihrer Erfahrung in einem Buch mit der Seele auseinandergesetzt. Folgende wertvolle Aussagen mögen die weite Welt der Seele umrissartig beschreiben:
- **Anselm Grün**[18]: Wir meinen heute »*mit Seele die Einmaligkeit des Menschen, seine Innerlichkeit, eine andere Dimension als die Dimension des Machbaren. Wenn wir von der Seele sprechen, dann beziehen wir uns auf die innere Würde des Menschen, auf sein Herz, auf den inneren Bereich, in dem Fantasie und Kreativität walten, in dem er noch zu träumen versteht. Seele, das meint die zarten inneren Regungen, die wir haben. Die Seele enthebt uns der Alltagswelt. Wir können uns in unsere Seele zurückziehen, wenn wir leiden an der Seelenlosigkeit der Gesellschaft.*«
- **Wunibald Müller**[19]: Es gilt, »*unsere Aufmerksamkeit auf die Seele als Antreiberin zu Lebendigkeit und Kreativität, zu Sinnfindung in unserem Leben und zur Vertiefung unseres Lebens (zu) lenken. In unserer Seele wirkt ein Urprinzip, das darauf aus ist, dass der Mensch zu einem lebendigen Wesen wird. Ohne Seele wäre unser Leben leblos, farblos, kalt, sinnlos, eben seelenlos. (...) In der Seele verfügen wir über eine kostbare Kraft, die dafür Sorge trägt, dass wir nicht erstarren, nicht schon zu Lebzeiten tot sind, sondern kreativ und neugierig bleiben, Neues wagen, Grenzen überschreiten, aufstehen, wenn wir gefallen sind, und nicht aufgeben, selbst wenn alles aussichtslos erscheint. Für unser Leben heißt das: Soll es bis zum Schluss aufregend und lebenswert sein, soll es wirklich unser Leben sein, muss unsere Seele in unserem Leben zum Ausdruck kommen und die Führung übernehmen. (...) Um mit meiner Seele in Berührung kommen zu können, ist die Voraussetzung, mit der inneren Person von mir in Berührung zu kommen. Hier muss ich für mich entscheiden, ob meine Aufmerksamkeit ausschließlich*

meinem äußeren Leben gilt, zum Beispiel wie ich aussehe, ob ich diese oder jene Ziele erreiche, was andere von mir denken oder wie viel ich verdiene. Oder aber, ob ich meine Aufmerksamkeit auch meiner inneren Welt, der Welt, die mich mit meiner Seele verbindet, schenke. Ich mag mich noch so sehr mit den äußeren Dingen beschäftigen, wenn das zur Vernachlässigung des inneren Lebens führt, werde ich eine innere Leere spüren.«

Was ist Heimat?

Ganz gleich, mit wem man sich unterhält. Irgendwann kommt man früher oder später auf grundsätzliche Themen wie: Wo bin ich zuhause? Wer oder was gibt mir Heimat? Wo fühle ich mich geborgen? Wer oder was gibt mir Kraft?

Egal ob Mann oder Frau, jung oder alt, quer durch alle gesellschaftlichen Schichten treiben diese Fragen die Menschen um. Das Thema »Heimat« hat sicherlich durch die weltweiten Flüchtlingsbewegungen neue Konjunktur erhalten. Mittlerweile arbeitet mehr oder weniger jede Partei mit dem diffusen Gefühl von Heimat und der Angst vor Identitätsverlust. In Deutschland wurden sogar die Kompetenzen des Innenministeriums ausgeweitet: Der Bundesminister des Inneren ist nun auch für Bau und Heimat zuständig. Wenn man auf die Internetseite des BMI geht[20], dann findet man als Hauptbereiche die Ressorts »Heimat und Integration«, »Migration«, »Verfassung«, »Öffentlicher Dienst«, »Moderne Verwaltung«, »IT und Digitalpolitik«, »Sicherheit«, »Bevölkerungsschutz«, »Sport« und »Bauen und Wohnen«.

Die Frage nach Identität, Zugehörigkeit, Heimat eben, ist in Zeiten der Globalisierung, der zunehmenden Völkerwanderungen aus unterschiedlichsten Gründen, der zunehmenden nationalen Egoismen und sozialer, psychologischer und weltanschaulich-religiöser Entwurzelung in den letzten Jahren eine drängende und dringende geworden.

Das berühmte Gedicht »Vereinsamt« von **Friedrich Nietzsche** aus dem Jahr 1884 bringt mehr als einhundert Jahre nach seinem Entstehen ein zunehmendes Grundgefühl heutiger Menschen auf den Punkt: *»Weh dem, der keine Heimat hat! – Was du verlorst, macht nirgends halt – Wohl dem, der jetzt noch – Heimat hat!«*

Ich möchte hier auf eine allgemeinere Ebene gehen und fragen: Was ist Heimat im tieferen Sinne und was schenkt einem Menschen wirklich innere Sicherheit, innere seelische Sicherheit? Wie sieht seine innere Verfassung aus? Wie verwaltet er modern und verantwortlich seine inneren und äußeren Kräfte? Was oder wer schützt ihn vor innerer und äußerer Bedrohung und wie kann ein Mensch an seinem Leben bauen, damit er in förderlicher innerer und äußerer Atmosphäre im Leben sich angenommen fühlt und in sich selbst wohnen kann?

Diese Fragen sind entscheidend bei der seit Jahren boomenden Bewegung auf der Suche nach Heimat, Glück und Zufriedenheit geworden. Im Januar 2019 konnte ich auf der Internetplattform *www.promisglauben.de* mit der mir befreundeten Schauspielerin und Yogalehrerin **Patricia Thielemann**[21] aus Berlin ein Interview führen, wo sie selbstkritisch über ihr Bemühen, sich mit Hilfe von Yoga ein spirituelles »Zuhause«, eine innere und äußere »Heimat« zu schaffen, sagt: *»Yoga ist für mich kein Allheilmittel. Yoga bietet mir aber sehr wohl eine sehr wirksame Methode, um immer wieder bei mir zuhause anzukommen. Dieses »nach Hause kommen«, was sich übrigens keineswegs durch Einlullen, sondern durch Klarheit und Fokussierung* *auszeichnet, sehe ich als eine Art Grundvoraussetzung, um sich überhaupt irgendetwas Wesentlichem annähern zu können. In unserer Welt, die sich immer schneller zu drehen scheint, braucht es beseelte Räume, in denen wir wieder zu uns selber finden können. Mit Spirit Yoga möchte ich genau solche Räume schaffen, in denen jeder für sich zur Besinnung finden kann – und das eben auch über das Körperliche und Geistige hinaus.«*[22]

Heimat ist heute in einer immer komplizierter werdenden Welt zum Zauberwort geworden. Heimat galt dabei erstaunlicherweise noch bis vor kurzem als Relikt Ewiggestriger. So attestierte der Schriftsteller **Martin Walser** 1967 den Deutschen: »*Heimat, das ist sicher der schönste Name für Zurückgebliebenheit.*«[23] Lange Zeit war es nach der Katastrophe des Zweiten Weltkrieges in Deutschland verpönt und tabu, Heimatgefühle zu äußern.

Der Begriff »Heimat« hatte in der Tat wenig mit Gefühlen zu tun, denn er kam zuerst gar nicht romantisch daher, sondern er bezeichnete ab der Mitte des 19. Jahrhunderts »*das Recht, im Krisen- und Krankheitsfall einen Versorgungsanspruch zu haben. Und zwar in der Geburtsgemeinde. Aus der Zeit stammt der Begriff Laufpass. Wenn jemand zum Versorgungs- oder Straffall wurde, bekam er den Laufpass, um in seine Heimatgemeinde zu gehen, etwa die schwangere Magd. ... Heimat war eine sehr reale, oft brutale Konstruktion: ein Recht auf einen Platz im Ortsgefängnis, im Spital oder auf dem Friedhof. Und im Armenhaus.*«[24]

»Heimat« wurde immer wieder national vergiftet und politisch missbraucht, heute gilt dieses Wort und was es transportiert als Halt in haltlosen Zeiten. »Heimat«, so resümiert z. B. der »stern«, wurde nach dem Zweiten Weltkrieg »*zum imaginären Rückzugsort einer traumatisierten Gesellschaft, die am liebsten alles vergessen würde*«[25] und somit zum Ausdruck einer mentalen Krise. Diese mentale Krise ist nun wieder zurückgekehrt! Ein ganzes Spezialheft der Reihe »Der Spiegel – Wissen« beschäftigte sich Ende 2016 mit dem Thema »Heimat – Annäherung an ein schwieriges Gefühl«.

Heimat ist wieder in

Auf unterschiedlichste Weise versuchen Menschen, sich diesem schwierigen Grundgefühl anzunähern: Heimat in Mode und Design ist wieder in, Stichwort Dirndl. Heimatbrauereien können auf dem ansonsten von internationalen Bierkonzernen beherrschten Markt wieder neu Fuß fassen. Der Heimatfilm der 50-iger Jahre erfährt ungeahnte Klicks auf Youtube. Heimatromane sind wieder im Kommen, Heimatkrimis in Buchform, aber auch im TV, wie zum Beispiel regionale Tatortfälle oder Kluftingerkrimis boomen. Dialekt liegt im Trend wie nie und auf Sky gibt es sogar einen eigenen Heimatkanal.

Sobald ein Volk äußere oder innere Verunsicherung verspürte oder verspürt, wurde und wird der multifunktionale Begriff »Heimat« reaktiviert, um innere und äußere Identität zu stiften. »Brexit«, »Britain first«, »Make Amerika great again«, aufkeimender Nationalismus in Russland, der Türkei, Ungarn und Polen sind aktuelle Beispiele dafür. Nicht selten erfuhr der Begriff »Heimat« dann eine starke Emotionalisierung, eine ideologische (Nationalsozialismus und Kommunismus) oder eine romantische Verklärung. Letztere findet meiner Meinung nach heute erneut statt. »Romantik 2.0«, so könnte man dieses Phänomen nennen. »Romantik 1.0« fand Ende des 18. Jahrhunderts vor allem in Deutschland als Suche nach einem intensiven Lebensgefühl, Lebendigkeit, Fantasie, Rückzug nach innen, Sehnsucht nach Ganzheit und Heimat statt. Hauptthemen waren Liebe,

Tod, Nacht, das Dunkel, Natur, Mensch, Geist, Freiheit, Musik, Dichtung, Mythen, Sehnsucht und vieles mehr.[26] »Romantik 2.0« mit der Reaktivierung von Natursehnsucht, einem neuen Caravan-Boom auf hohem Niveau, der Suche nach Liebe im Internet, dem Rückzug in die Welt der Computerspiele und dem Ausleben eines zweiten Ich im Cyberraum und vielem mehr zeigt, dass die Harmonisierung von Rationalität und intuitivem Gefühl, von linker und rechter Gehirnhälfte und von Realität und Zauberwelt erneut im Gange ist. Die Fragen nach »Heimat« und »Beheimatung« sind dabei eine prägende, tragende, immer wieder neu herausfordernde und dadurch bleibende Kraft des Lebens geblieben.

Wer ist aber für die Beantwortung dieser Fragen zuständig? Nicht der Staat, nicht die Kirche, sondern jeder Einzelne ist letztlich für sich selbst für die Beantwortung seiner Fragen zuständig. Dabei benötigt er aber Thinktanks (Denkfabriken) und Hilfepools, die ihm dabei helfen können. Philosophie, Religion und Spiritualität können Rückendeckung und Halt in der Haltlosigkeit geben. Der deutsche Staat greift gern auf die gesellschaftspolitische Bedeutung und identitätsstiftende Wirkung religiöser Gemeinschaften zurück und arbeitet deshalb auch gerne mit diesen zusammen.[27] Es gilt, die Heimat für sich selbst wieder neu zu entdecken, ja sogar neu zu denken, wie der Philosoph und Soziologe **Rainer Sontheimer** in einem Youtubevideo[28] auf moderne Weise darstellt.

Heimat – Herkunft und Zukunft zugleich

Heimat ist Herkunft und Zukunft zugleich. Wir haben eine biologisch-soziologische Herkunft mit Geborenwerden, Vater, Mutter, evtl. Geschwistern, Heranwachsen, Familienritualen, Verwandten, Nachbarn und Freunden.

Heimat umfasst den kulturellen und religiösen Bereich mit Sitten, Bräuchen, Vereinen, Bildung, Ausbildung, Weltanschauung und religiöser Beheimatung und mehr. Heimat prägt uns und wir nehmen diese Prägung überallhin mit. Sie ist Voraussetzung und Sehnsucht zugleich auf unserem Lebensweg, denn Heimat kommt auch immer wieder mit »Heimweh« daher, dem Sehnsuchtsgefühl nach Geborgenheit, Zugehörigkeit und Aufgehobensein.

Von früher Kindheit an prägen sich Erlebnisse und Ereignisse in unsere Seele ein. Gerüche, Geräusche, Farben, Geschmäcker, Sprache, Musik, religiöse Riten. Die Mutter ist es, die uns lehrt … oder auch nicht …, wie wir zu anderen Menschen Beziehungen in einer bestimmten Umgebung aufbauen können. Unsere Erfahrungen übertragen wir dann auf die Orte, an denen wir sie gemacht haben, und spüren nach Jahren des Erwachsenwerdens und des Woandersseins bei der Rückkehr in die sog. Heimatstadt, die Stadt der eigenen Kindheit, nicht selten Wehmut, Schmerz und Melancholie. Denn: nicht nur wir, auch die Orte unserer Herkunft haben sich verändert.

Heimat kann Nähe, Wärme, Echo und Wirgefühl schenken, das Zuhause kann wunderbar sein. Andere erlebten die Zeit ihres Heranwachsens als Katastrophe, Horror und Schrecken und gar nicht heimelig. Heimat ist immer auch ambivalent, denn Geborgenheit und Sicherheit können zum Gefängnis werden.

Ist »Heimat« ein Synonym für erfülltes Leben oder der Sammelbegriff für eine Suchbewegung? **Andi Weiss** nennt in seinem Gedicht und gleichnamigen Lied »Heimat« das Land, in dem die Seele wohnt.[29] Darin beschreibt er die inwendige Suche nach Beständigkeit und Wiederkehr, die Sehnsucht nach einem Zuhause, einem Platz, welcher der deine ist.

SUCHE NACH SEELENRUHE UND SEELENFRIEDEN

Das Grundgefühl des Menschen in der Moderne ab dem 19. Jahrhundert, in der darauffolgenden Postmoderne und der Jetztzeit ist Unsicherheit, Unklarheit, Zweifel, der Verlust von Eindeutigkeit und das unklare Empfinden der sogenannten **Ambiguität**. Diese bezeichnet Bedeutungsvielfalt, Zweideutigkeit, Mehrdeutigkeit und erzeugt Unklarheit und Unsicherheit. Die individuelle und kollektive Reaktion auf dieses unbequeme Empfinden ist die sogenannte **Ambivalenz**, das gleichzeitige Vorhandensein widersprüchlicher Gefühle, Einschätzungen und Reaktionsweisen. Diese innere Widersprüchlichkeit ist für viele Zeitgenossen schwer zu ertragen. Deshalb fliehen sie nicht selten in Ablenkungen wie beispielsweise den ausufernden Gebrauch digitaler Medien, in Drogen- und Suchtmittelmissbrauch, aber auch in religiösen und politischen Fundamentalismus. Sie sehnen sich nach einfachen Antworten und Führungspersonen, die ihnen sagen, wo es langgeht. Sie stellen, genährt durch die moderne Philosophie des Kontruktivismus (Du bist der Gestalter deiner Wirklichkeit), Behauptungen auf, die andere Meinungen und Haltungen zu »Fake-News« degradieren und ein Zusammenleben schwer machen. Ein verantwortliches und verantwortbares Denken, Fühlen und auch Glauben ist heute aber ohne die Auseinandersetzung mit diesen hier nur angedeuteten Phänomenen schwer bis gar nicht mehr möglich. Die Welt ist nicht schwarz-weiß, sie ist nicht einfach zu erklären und Verabsolutierungen, wie sie heute immer mehr geschehen, bringen keine weiterführenden Lösungen.[30]

Schöngeistiges wie Literatur, Musik und Kunst geben Nahrung, Orientierung und Stabilität bei äußerer und innerer Ambivalenz. Die Soziologie kann Erklärungshilfen im Umgang mit uns umgebenden gesellschaftlichen Gefügen geben und Psychologie und Psychotherapie bieten hilfreiche Erklärungs- und Unterstützungsmodelle in Fragen, wie der Mensch und seine Psyche funktionieren. Auch die Philosophie, die Religion und die Spiritualität versuchen ihren Beitrag zu leisten, stabilisierend für die Seele des Menschen zu wirken, haben sie doch das zum Thema, was alles irgendwie zusammenhält.

Sehnsucht – Motor des Lebens

Die **Sehnsucht** im Menschen ist dabei der Hauptmotor, der ihn im Hin und Her des Lebens voranbringt. Die Sehnsucht bringt ihn zum Eigentlichen in ihm, denn das Sehnen und die Sehnsucht spüren zielsicher »*den freien Raum auf, in dem Leben und noch ein anderes Leben möglich erscheint, das größere Fülle, mehr Glück, vollkommenere Schönheit, tieferen Sinn verspricht als der begrenzte Moment, in dem Enge und Mangel empfunden werden.*«[31]

Verschiedene Autoren[32] haben sich in den letzten Jahren vermehrt des Phänomens »Sehnsucht« angenommen und sind dabei auf philosophischen, psychologischen und spirituellen Pfaden zu tiefgreifenden und erhellenden Erkenntnissen gekommen, die aufhorchen lassen: Die Sehnsucht ist ein entscheidendes Grundmotiv menschlichen Suchens und Findens. Sie gibt sich nicht mit dem Status Quo zufrieden, sie lockt uns mit der Ansage, dass Leben steigerungsfähig und vertiefenswert ist. Und sie bringt Menschen immer wieder in Bewegung.

In uns Menschen gibt es eine große Sehnsucht nach innerem Frieden und Freisein von Sachzwängen, An- und Überforderungen. Der Wunsch, bei sich selbst anzukommen und Quellen innerer Kraft zu entdecken, will ernstgenommen und genährt werden, damit man nicht innerlich und äußerlich verkümmert.

Der moderne Mensch muss und darf lernen, die zunehmende **Ungeborgenheit** und die als unangenehm empfundene Unsicherheit, Ohnmacht und Ratlosigkeit verantwortungsvoll zu bewältigen. Der Existenzphilosoph **Martin Heidegger** nannte die Not des modernen Menschen vor allem die innere Haus- und Heimatlosigkeit. Das Phänomen »Heimat« beinhaltet nämlich, dass sie letztlich nie gefunden werden kann. Ähnlich wie Sinn, Sehnsucht, Glück und Hoffnung ist das Suchen nach Heimat ein nicht an ein Ende kommendes Tun, es ist ein am Leben erhaltendes und vitalisierendes »Perpetuum Mobile«. Leben bleibt immer bruchstückhaft, ein Fragment. Dies spüren wir immer wieder mehr oder weniger schmerzlich.

Gleichzeitig treibt uns die Sehnsucht an, den Reichtum, die Fülle, die Ganzheit des Lebens zu suchen. Schon der Kirchenvater Augustinus sprach davon, dass der Mensch in seiner Suche unruhig bleibt, bis seine Seele Ruhe findet in Gott, dem Urgrund und Ziel des Seins. Sehnsucht kann man deshalb in Anlehnung an die Titelformulierung eines Publik Forum Heftes als »*Himmelsspuren in unserer Seele*« bezeichnen. Sehnsucht und Heimat sind innerlich verwandt. Der spanische Philosoph **Ortega y Gasset**[33] sieht z.B. in der permanenten und hartnäckigen Übellaunigkeit ein klares Symptom dafür, dass ein Mensch gegen seine Bestimmung lebt. Er geht davon aus, dass sich in der Tiefe eines jeden Menschen der Entwurf findet, der ihn in seinem Wesen zeigt. Aufgabe eines jeden Menschen ist es deshalb, der Sehnsucht nach diesem inneren Entwurf zu folgen, diesen zu entdecken und Schritt für Schritt zu konkretisieren.

Ungewissheitsmanagement – Sicherheit in der Unsicherheit

Diese Verhaltensübung, dem eigenen inneren Entwurf zu folgen, will geübt werden, wenn der persönliche Sinn eines Menschen gefunden werden soll. Sie verbindet nämlich die Ambivalenzen zwischen Heimat und Heimatlosigkeit, Halt und Haltlosigkeit, Sehnsucht und Verwirklichung der Sehnsucht, Unsicherheit und Zielstrebigkeit und vieles mehr und hebt sie auf eine neue Ebene.

»Ungewissheitsmanagement« ist deshalb heute gefordert. Michael Klessmann nennt in seinem Buch »Ambivalenz und Glaube« vier paradoxe Prinzipien, die dabei hilfreich sind[34]:

- Be focused *and* flexible about what you want.
  Seien Sie fokussiert *und* flexibel in dem, was Sie wollen.
- Be aware *and* wary about what you know.
  Seien Sie sich bewusst *und* vorsichtig mit dem, was Sie wissen.
- Be realistic *and* optimistic about what you believe.
  Seien Sie realistisch *und* optimistisch in dem, was Sie glauben.
- Be practical *and* magical about what you do.
  Seien Sie praktisch *und* magisch/übersinnlich bei dem, was Sie tun.

»Diesen Prinzipien ... liegt die Annahme zugrunde, dass die schnellen gesellschaftlichen und technischen Veränderungen nicht mehr ausschließlich mit logischen und rationalen Mitteln ... bewältigt werden können, sondern dass man ›creativity, virtuosity, dexterity, skill, cunning, sensitivity and imagination‹ (Kreativität, Virtuosität/Kunstfertigkeit, Geschicklichkeit, Können/Geschick, Gerissenheit, Empfindsamkeit und Fantasie/Vorstellungskraft/Einfallsreichtum)

braucht. Es wird zentral wichtig, Unsicherheit nicht nur aushalten zu können, sondern sie als Gelegenheit für wachsende Möglichkeiten zu sehen und zu begrüßen. ... Damit einher geht eine neue Bewertung von Ungewissheit: Sie gilt nicht mehr nur als Bedrohung, sondern als ein ›möglichkeitseröffnendes Moment‹.«[35]

Ungewissheit als möglichkeitseröffnendes Moment, um dem Wackelpuddingempfinden der modernen Zeit Sinnstiftendes entgegenhalten zu können.

William Paul Young – Undenkbares begreifbar machen

Ein wunderbares Beispiel für die oben genannten Fähigkeiten im Umgang mit Unsicherheit und Unklarheit auf allen Ebenen ist für mich der Autor **William Paul Young**, der mit dem Buch »Die Hütte. Ein Wochenende mit Gott«[36] einen Weltbestseller vorlegte. Hier gelang es ihm, Impulse für ein neues Gottesverständnis zu geben, die das Undenkbare, nämlich Gott, in außergewöhnlicher und erfrischender Weise nachvollziehen lässt. Young gab damit einer menschlichen Ursehnsucht neue Nahrung, nämlich den Sinn von Leid und die Frage nach Gerechtigkeit und vielem mehr zu ergründen. Sein Buch wurde weltweit wahrgenommen, ja gleichsam verschlungen, natürlich auch kritisiert. Wichtig ist aber, dass er unzählig vielen Menschen eine Stimme verliehen hat, die Ambivalenz im Glauben nicht nur auszuhalten, sondern neu und sinnvoll zu deuten.

In einem Folgebuch »Der Weg. Wenn Gott dir eine zweite Chance gibt«, benennt Young in einem Gespräch zwischen dem Helden des Buches, Tony, und einer imaginären Gestalt, Jack, auf eine für mich geniale Weise das Phänomen der Empfindung des Getrenntseins des modernen Menschen von Gott.[37]

In diesem Gespräch geht es um den Unterschied zwischen »real« und »wahr«. William Paul Young beschreibt dann sinngemäß Folgendes: Angenommen, Gott kommt zu Ihnen und spricht mit Ihnen. Sie glauben aber gar nicht, dass es Gott gibt. Und da Sie nicht an Gott glauben, wird für Sie diese Annahme, dass es Gott nicht gibt, zur Realität. Die Frage ist aber, ob es dann Gott trotzdem gibt! Nur weil Sie es nicht glauben, muss es ja nicht stimmen. Ihr Glaube an die Nichtexistenz Gottes macht Gott deshalb nicht nichtexistent.

Eine Aussage des neuzeitlichen **Konstruktivismus**[38] ist zum Beispiel: Real ist für Sie das, was Sie annehmen/glauben, auch wenn es gar nicht existiert. Ihre eigene Realität steht dabei aber auf wackeligen Beinen und trennt Sie von der gesamten Wirklichkeit, die uns alle umgibt. Die Wahrheit dieser Gesamtwirklichkeit wird für nicht existent erklärt und eine scheinbar stabile Realität erschaffen, die aber bei Infragestellung, Belastung oder Krise höchst instabil ist und ins Wanken gerät.

Ratlosigkeit – Wege zu einer inneren Wandlung

Im geschilderten Dialog zwischen Tony und Jack zeigt sich das Phänomen der Ratlosigkeit des modernen Menschen im Umgang mit Wahrheit, Ewigem, Absolutem, mit letzter Heimat und letztlich mit Gott. Schon 2005 warnte der damalige Kardinal **Joseph Ratzinger** kurz vor seiner Wahl zum Papst vor einer »Diktatur des Relativismus«, vor einer Gleich-Gültigkeit aller Meinungen im doppelten Sinn des Wortes, die letztlich die Krise der Moderne voranbrachte. In der Theorie sind die Fragen zu absoluten Wahrheiten schwer lösbar.[39] Eine gangbare Lösung liegt in der persönlichen und freundschaftlichen Beziehung zu Gott und seinem Sohn, der von sich sagte, dass er der Weg, die Wahrheit und das Leben ist (Joh 14, 6).[40] Der moderne Mensch befindet sich in einer Art **metaphysischen Heimatlosigkeit und Resignation**[41], die mit massivem Energieverlust, Seelenerschöpfung und Seelenlähmung einhergeht. Das Handeln wird schwierig, weil kein Sinn mehr erspürbar ist, weil dadurch keine Willens- und Widerstandskraft mehr zur Verfügung steht. Nicht nur »reflektierte Lebenskunst« (**Wilhelm Schmid**), sondern vor allem »Lebenskönnerschaft« (**Gerd B. Achenbach**) gepaart mit dem vorher schon erwähnten »Ungewissheitsmanagement« machen dem Menschen unserer nachmetaphysischen Moderne Folgendes möglich: Ihm ist »*das Ja des Lebens zu sich selbst oder das aktive Nein zu seinem Nichtsein möglich, weil die in Vertrauen verwandelte Angst, die in eine begründete Hoffnung verwandelte Verzweiflung, die in Selbstachtung verwandelte Selbstablehnung und der in die Selbstbejahung verwandelte Selbsthass die Quelle seiner Lebenskönnerschaft ist.*«[42]

Wie diese innere Wandlung nun möglich ist, wie man der Seele in der heutigen Zeit eine Heimat geben kann, auf diese Fragen wollen die nächsten Kapitel eine Antwort zu geben versuchen.

ENTSCHLEUNIGUNG FÜHRT ZUM ZIEL

Das Grundgefühl sehr vieler Menschen von heute könnte man so beschreiben: Aufwachen, mehr oder weniger frühstücken, zur Arbeit, in der Arbeit, zurück nach Hause, zwischendurch was essen im »To-Go-Style«, fernsehen, mehr oder weniger gut schlafen, sieben Tage die Woche, Woche für Woche, Monat für Monat, Jahr für Jahr. Zwischendurch ein paar Highlights wie sich verlieben, heiraten, Kinder bekommen, Urlaub machen ...

Innendrin aber fühlt man sich eingesperrt wie in einer immer enger werdenden Schachtel. »Das Leben in einer Schachtel«, so lautet der Titel eines genialen Zeichenkurzfilms von **Bruno Bozetto**, der, so schreibe ich auf meiner Homepage[43], in genialer Weise die Zwänge des Alltags und die oft unerfüllt bleibende Sehnsucht nach Freude, Glück, Freiheit und Sinn darstellt. Dieser Film hat mich als jungen Mann von 18 Jahren in meiner Seele und in meiner Suche nach Sinn in meinem Leben tief getroffen und bis heute nicht losgelassen. Sie können sich in sechseinhalb Minuten von diesem Film auf Youtube[44] auch berühren lassen.

In Zeitnot geraten, wie in ein Netz, ist der Mensch,
atemlos hetzt er durch sein Leben und wischt sich
den Schweiß.
Ein Fluch des Jahrhunderts ist diese Eile.

Es wird ganz eilig gezecht und ganz eilig geliebt,
ganz tief sinkt die Seele dabei –
man martert ganz eilig, vernichtet ganz eilig,
ganz eilig sind später Reue und Buße vorbei.

Du aber wenigstens halte inne in deiner Welt,
sei's wenn sie schläft, sei's wenn sie tobt ...
Auf halbem Weg wenigstens bleibe stehen,
dem richtenden Himmel vertraue dich an!

Denke nach, besinne dich – wenn nicht über Gott –
so doch wenigstens über dich selbst ...
Begreife, wie kläglich der ist, der dahineilt
ohne Besinnung,
wie groß der ist, der innehalten kann.

Den Staub aller Eitelkeiten fege ab,
die Ewigkeit lass dir endlich wieder in den
Sinn kommen ...
Halt ein, bleib doch endlich stehen – du hast
Gott vergessen
und schreitest ja über dich selbst hinweg.

(J. A. Jewtuschenko)[45]

Getriebensein – Das Grundgefühl moderner Menschen

Jeder kennt heutzutage dieses Gefühl, immer irgendwie fremdbestimmt und ferngesteuert zu sein und zu wenig Zeit zu haben. Tempowahn, Zeitdruck, Hast, Eile, Leistungsdruck, Termindruck, Zeitmangel ... All dies und noch so manche sich gar nicht gut anfühlenden Begleiterscheinungen unserer modernen Zeit bestimmen mittlerweile die Grundmelodie der Menschen, vom Kindergarten bis ins Seniorenheim. Es ist wirklich nicht mehr lustig, wenn Kindergartenkinder vom Stress reden und alte Menschen so gar keine Zeit mehr haben. Warum hat keiner mehr Zeit? Warum quetschen wir aus jeder Minute so viel Effektivität heraus wie aus einer Zitrone den Saft? Kein Wunder, dass das Lebensgefühl so vieler Zeitgenossen sauer geworden ist.

Die Feuilletons-Geschichte »Das Leben« von **Victor Auburtin**, bereits 1928 in dem Sammelband »Einer bläst die Hirtenflöte« veröffentlicht, zeigt uns einen hochaktuellen und dabei erstaunlicherweise leider fast immer vergessenen Grund unserer Empfindung des leeren Getriebenseins: »*Es lebte ein Mann, der war ein sehr tätiger Mann und konnte es nicht übers Herz bringen, eine Minute seines wichtigen Lebens ungenützt vorüber zu lassen.*

Wenn er in der Stadt war, so plante er, in welchen Badeort er reisen werde. War er im Badeort, so beschloss er einen Ausflug nach Marienruh, wo man die berühmte Aussicht hat. Saß er dann auf Marienruh, so nahm er den Fahrplan her, um nachzusehen, wie man am schnellsten wieder zurückfahren könne. Wenn er im Gasthof einen Hammelbraten verzehrte, studierte er während des Essens die Karte, was man nachher nehmen könne. Und während er den langsamen Wein des Gottes Dionysos hastig hinuntergoss, dachte er, dass bei dieser Hitze ein Glas Bier wohl besser gewesen wäre.

So hat er niemals etwas getan, sondern immer nur ein nächstes vorbereitet. Er war nie einer ganzen und gesunden Minute Herr, und das war gewiss ein merkwürdiger Mann, wie du, lieber Leser, nie einen gesehen hast.

Und als er auf dem Sterbebette lag, wunderte er sich sehr, wie leer und zwecklos doch eigentlich dieses Leben gewissermaßen gewesen sei.«[46]

Verlust des Jenseits – Gnadenloses Diesseits

DER Grund unserer heutigen Misere ist ein spiritueller. Wie das? Folgender Satz bringt es auf den Punkt: »*Im Vergleich zu früheren Generationen leben wir zwar länger, aber insgesamt doch kürzer. Denn früher lebten die Leute 30, 40, 50 Jahre plus ›ewig‹ – wir modernen Zeitgenossen leben nur noch maximal 90 Jahre und haben die Ewigkeit nicht mehr im Gepäck.*«[47] Die Ewigkeitsperspektive ging verloren. Moderne Lebenseinstellungen vertrösten auf das Diesseits mit allen Konsequenzen: Druck, Hektik, »*Ich will alles und zwar sofort*«, mitnehmen, was geht, auf Teufel komm raus, Rücksichtslosigkeit, Stress ... Gnadenloses Diesseits, in das alles hineingepresst werden muss. Religionen und spirituelle Traditionen sollten nicht vorschnell und bedenkenlos in heutiger Zeit über Bord geworfen werden, denn »*in den religiösen Traditionen finden sich Haltungen zur Welt, Ideen und Techniken für den Umgang mit sich und anderen, die (...) enorm hilfreich für das Überleben in der späten Moderne sein können ...*«[48]

Ein weiterer Grund für das moderne Grundgefühl, nie genug Zeit zu haben, dürfte die mittlerweile weltweit in fast allen Seelen angekommene Wirtschaftsweisheit »Zeit ist Geld« sein. Der Zeitforscher **Hartmut Rosa**[49] definiert die Moderne durch das Gefühl der knappen, davoneilenden Zeit. Dies erzeugt äußeren und inneren Stress und das Gefühl der Überforderung. Rosa fordert eine neue Askese, ein bewusstes »Weniger ist mehr« mit festen Ankerpunkten im weiten Meer der Zeit, die uns helfen, die Geschwindigkeit herauszunehmen, ein paar Gänge runterzuschalten, durchzuatmen, zu entschleunigen. Dabei wird z. B. praktische Handarbeit als Beruhigungsfaktor wieder neu entdeckt, »*... um sich für einen Augenblick aus der Welt zurückzuziehen ... (Menschen) haben das Gefühl: Mir fliegt alles um die Ohren. Ich kann so wenig bewirken. Wenn ich aber ein Nähprojekt habe, dann weiß ich, es hat einen Anfang und ein Ende. Ich weiß, wo ich stehe und wann ich fertig bin.*«[50]

Entschleunigung – Heilmittel gegen Ruhelosigkeit

Entschleunigung ist zu einem der Zauberwörter unserer Zeit geworden. Askese, also ein bewusstes Weniger, legt man sich gezielt auf, um im Hamsterrad der Zeit nicht vorschnell zu kollabieren. Entschleunigung in der Arbeit, Entschleunigung in der Freizeit, Entschleunigung im Alltag sind die angestrebten Zielpunkte. Am besten beginnt man mit Übungswochen der Entschleunigung im Urlaub.

Auf humorvolle Weise beschreibt die Handelsblatt-Kolumne über Herrn K. »Auf der Jagd nach Entschleunigung« den Versuch, im Urlaub Entschleunigung zu praktizieren.[51]

Das Einüben von Entschleunigung ist gar nicht so einfach. Sie gehört mittlerweile zu einem der Charakteristika eines neuen Zeitgeistes und Lebensstiles, die Rückzug aus einer hyperkomplizierten Welt, Halt im Hin- und Hergeworfenwerden des Alltages und Erdung in einer Cyber-, Medien- und Plastikwelt ersehnen und praktizieren. Romantik 2.0 mit der Massenflucht in einen neuen Biedermeier, die das Leben klar absteckt und mit Verlässlichkeit lockt. Seit einigen Jahren ist nicht nur in Deutschland, sondern in allen führenden Industrienationen eine neue Form von Zeitschriften[52] im Kommen, die sich nicht mit dem Schwierigen und Unbehaglichen des Lebens befassen, sondern mit heiler Welt, Rückzug, Weltflucht, Wellness, Mindfulness, Harmonie, Slow and Flow und vielem mehr beschäftigen: raus aus der Welt, rein ins kuschelige Heim. Diese Entwicklung hält an und wird in ihren **gesunden**[53] Ausformungen mittlerweile von Philosophie, Psychologie und Soziologie als notwendiges Korrektiv zum Beschleunigungswahn der modernen Zeit angesehen.

Geduld und Warten-können als Lebenskunst

Beim Einüben der Entschleunigung steht über allem die Kunst, **Geduld und Warten-können** wieder neu zu lernen. Denn: es vergeht kein Tag, an dem wir nicht auf irgendetwas warten. Im Supermarkt an der Kasse, im Stau, im Wartezimmer des Arztes, auf Glücksmomente, auf das Ende der Schmerzen, auf den Richtigen/die Richtige ... Warten-müssen wird als Fremdbestimmung, als Zumutung und als verschwendete, ja gestohlene Lebenszeit empfunden. Warten-können gehört nicht zu den Grundtugenden eines modernen Menschen und genau dies verstärkt unser Unwohlsein beim Warten.

Jedes Jahr bekommen wir immer wieder neu vorgeführt, wie eine eigentliche Warte- und Vorbereitungszeit, die Adventszeit, zu einer verlängerten Weihnachtszeit ausgebaut wird. Ab September kann man in den Supermärkten Lebkuchen kaufen und ab spätestens Mitte November werden überall die Weihnachtswerbungen geschaltet. Ab dem 1. Advent wirst du dann permanent eingeladen, ja genötigt, durch gestelzte Weihnachtsgefühlsduselei zu hetzen. Spätestens an Weihnachten hast du dann von all dem genug, wenn du nicht rechtzeitig gegensteuerst. Ich praktiziere das schon seit Jahren, dass ich den Sinn des Advents für mich neu entdecke: »Zeit für mich – Zeit für Gott. Seelennahrung für Advent und Weihnachten«[54] hieß mein Online-Adventskalender, den ich drei Jahre lang auf meiner Homepage www.christoph-kreitmeir.de mit hohen Klickzahlen jedes Jahr in geupdateter Form einstellte. Daraus wurde ein erfolgreiches Buch mit gleichnamigem Titel.

Warten-können, Warten-lernen kann neu als Chance begriffen werden, bewusst innezuhalten und auferlegte Fremdbestimmung in Selbstbestimmung umzudeuten. Geduld, modern als Zeitintelligenz bezeichnet, und bewusstes Warten-lernen schulen die Selbstkontrolle und Selbstdisziplin, erhöhen die Ausdauer und sind damit als eindeutige Erfolgsfaktoren in der modernen Welt anzusehen. Warten und Warten-können bedeuten letztlich »Zeit haben«, was ja zu den wertvollsten Gütern heutzutage zählt.

Der Marshmallowtest

Geduld gilt als wichtige Voraussetzung für Gefühls- und Handlungskontrolle und als Schlüsselkompetenz für Erfolg und Lebensglück. Als sehr erhellend ist hier der sog. **Marshmallowtest**[55] des Entwicklungspsychologen und Pioniers der Geduldsforschung **Walter Mischel** zwischen 1968 bis 1974 anzusehen, der bis heute aktuell ist.

Es ging dabei um die Fähigkeit zur Selbstkontrolle. Um diese Fähigkeit bei Kindern testen zu können, stellten Mischel und seine Mitarbeiter hunderte Kinder vor schwierige Entscheidungen. Mit Süßigkeiten, vor allem mit den in den USA so beliebten Marshmallows, wurde getestet, ob ein Kind sich beherrschen kann. Es wurde vor die Wahl gestellt, einen Marshmallow gleich verspeisen zu können oder eine gewisse Zeit zu warten, um dann als Belohnung einen zweiten zu erhalten.

Die Selbstkontrolle und das Durchhaltevermögen der Kinder wurden über die Jahre dann durch deren Eltern weiter beobachtet. Höchst interessant war bei dieser Langzeitstudie, dass das damalige Durchhaltevermögen sich im Laufe der Entwicklung der Kinder zum Erwachsenen in höherer Sozialkompetenz, größerer Frustrationstoleranz und besserem schulischen oder beruflichen Erfolg weiterentwickelte.

Wer Belohnungen aufschieben kann, ist im klaren Vorteil, und das bis ins hohe Alter. Dass dies für kleine Kinder angesichts einer verlockenden Süßigkeit nicht leicht ist, zeigt auf vergnügliche Weise dieser Kurzfilm auf Youtube.[56]

Geduld lohnt sich

Geduld und Warten-können lohnen sich und führen zum Erfolg[57]:

- In der **Kommunikation** weiß man schon lange: Timing ist fast so wichtig wie der Inhalt, Pausen unterstreichen Gesagtes und erhöhen die Spannung sowie die Neugier, und das Aushalten von Schweigen erhöht Einfühlungsvermögen und Selbstbestimmung.
- In der Welt der **Finanzen** gilt langfristig das Abwarten als eine große Stärke bei Geldgeschäften.
- In der Welt der **Medizin** belegen zahlreiche Studien, dass Zuwarten und Hinauszögern von ärztlichen Interventionen den Selbstheilungskräften des Körpers bessere Chancen gibt. Anerkannte Mediziner[58] betonen immer mehr das Korrektiv des Abwartens und Beobachtens gegenüber von nicht selten unnötigem Diagnostizieren, Operieren und Verschreiben von Arzneimitteln. Die Selbstheilungskompetenz des Körpers benötigt nicht Aktivismus, sondern Zeit.

»Es sind die Wartesäle unseres Lebens, in denen wir die Zeit erleben und erfahren können, wo wir uns selbst begegnen – und anderen Menschen ebenso.«[59] Und ebenso öffnet die Kunst der Geduld und des Warten-könnens einen inneren Raum der Heimat für unsere Seele.

Der Duden sagt, dass Geduld »*Ausdauer im ruhigen, beherrschten, nachsichtigen Ertragen oder Abwarten von etwas*« ist. Und bei Wikipedia findet man: »*Als geduldig erweist sich, wer bereit ist, mit ungestillten Sehnsüchten und unerfüllten Wünschen zu leben oder diese zeitweilig bewusst zurückzustellen. Diese Fähigkeit ist eng mit der Fähigkeit zur Hoffnung verbunden. Geduldig ist auch, wer Schwierigkeiten und Leiden mit Gelassenheit und Standhaftigkeit erträgt.*«

Geduld als geistliche Tugend

Geduld gilt seit jeher als eine geistliche Tugend, die einem neben Selbstkontrolle und Selbstdisziplin sogar inneren Frieden schenken kann, wie folgende Weisheitsgeschichte »Rabbi Isaaks Geduld«[60] zeigen will.

Rabbi Isaak war von liebenswürdigem und großherzigem Wesen. Noch nie hatte ihn jemand wütend gesehen. Seine Schüler dachten, dass es vielleicht daran läge, dass er noch nie gehörig gereizt wurde.

So schmiedeten sie einen Plan und gewannen einen einfältigen Mann für ihren Streich. Als der Meister im Bethaus mit Gebetsmantel und Gebetsriemen bekleidet im Kreise seiner Schüler betete, stupste dieser Mann ihn von der Seite an und bat um eine Prise Schnupftabak. Dieser unterbrach sein Gebet, gab dem Bittsteller eine Prise und betete unverdrossen weiter. Eine kurze Weile später war der Mann jedoch schon wieder da und wollte noch eine Prise. Der Rabbi bediente ihn geduldig und setzte ohne den leisesten Anflug von Ärger sein Gebet fort. Dieses wiederholte der einfältige Mann noch viele Male, bis der Meister sein Gebet beendet hatte. So sehr die Schüler auch hingeschaut hatten, sie hatten nicht einmal eine Spur von Ungehaltenheit wahrnehmen können. Wie aber der Rabbi, nachdem er den Gebetsmantel und die Gebetsriemen abgelegt hatte, den Mann zu sich rief, dachten die Schüler, dass nun das Donnerwetter über diesen hereinbrechen würde. Doch der Meister holte ruhig die Tabaksdose hervor und sagte schmunzelnd: »Wie ich gesehen habe, liebst du das Schnupfen mehr als ich. So nimm du die Dose, und wenn ich Lust habe, etwas Tabak zu schnupfen, werde ich einfach zu dir kommen und dich um eine kleine Prise bitten.«

Die Kunst der Verlangsamung

Neben Geduld und Warten-können als den beiden Grundmomenten der Entschleunigung gilt die Verlangsamung, das **SLOW**, als weiteres grundlegendes Moment zur Wiedererlangung von Freiheit und Würde im Umgang mit der Zeit, indem man seinen eigenen Lebensrhythmus (neu) entdeckt und danach lebt. Die Weisheit der Schnecke entdecken, so nennt das der Erfinder der Slow-Food-Bewegung, **Carlo Petrini**[61]. Schnecken bewegen sich und essen nicht nur langsam, sie kennen auch ihre Grenzen: Da sie in einem festen, unveränderlichen Schneckenhaus leben, stellen sie ihr Wachstum ein, bevor sie zu groß werden könnten.

Hinter der SLOW-Bewegung steht der Gedanke, wieder mehr Zeit für sich, für andere, für Genuss, Individualität und Lebensqualität zu bekommen.[62] Der Multioptionalität der Gegenwart mit ihren Erschöpfungs- und Burnoutgefahren wird bewusst entgegengesteuert. Extraorbitant gewachsene Yogakursangebote, Achtsamkeitsseminare, Meditationsangebote, Kloster-Retreats und vieles mehr wollen die permanente Reizüberflutung ausbalancieren.[63] Es ist noch nicht lange her, wo Luxus im klassischen Sinne mit sozialem Aufstieg und entsprechender Abgrenzung verbunden wurde. In Zukunft wird es immer weniger um altes Statusdenken, Protz und Prestige gehen, sondern um den Luxus von Zeitautonomie, Lebensqualität, Individualität und Wohlergehen.

Verschiedene Ausformungen der Slowbewegung

- **Slow for you – Die Kunst des reinen Nichtstuns – Die Kunst der langen Weile**

»*Müßiggang ist aller Laster Anfang*«, sagt ein Sprichwort, das die Deutschen sehr gern in ihren Alltag integrier(t)en. Der Literaturnobelpreisträger **Heinrich Böll** verfasste 1963 die »Anekdote zur Senkung der Arbeitsmoral«, die heute zu den Klassikern der Zivilisationskritik gehört und es wert ist, hier nachgelesen werden zu können. Ihr

Schauplatz ist ein Hafen an der westlichen Küste Europas. Dort photografiert ein Tourist ziemlich aufdringlich einen Fischer, der sich nach getaner Morgenarbeit in sein Boot gelegt hat und dösend die aufkommende Tageswärme genießt. Der Tourist verwickelt den Einheimischen in ein Gespräch und schlägt ihm vor, seine Zeit effizienter zu nutzen. Würde er zwei-, drei-, ja viermal am Tag ausfahren, könnte er sich dank des größeren Ertrags bald einen Motor für seinen ärmlichen Kahn kaufen und schließlich sogar ein kleines maritimes Unternehmen gründen: »*Sie würden ein kleines Kühlhaus bauen, vielleicht eine Räucherei, später eine Marinadenfabrik, mit einem eigenen Hubschrauber rundfliegen, die Fischschwärme ausmachen und Ihren Kuttern per Funk Anweisungen geben. Sie könnten die Lachsrechte erwerben, ein Fischrestaurant eröffnen, den Hummer ohne Zwischenhändler direkt nach Paris exportieren – und dann –‹, wieder verschlägt die Begeisterung dem Fremden die Sprache. Kopfschüttelnd, im tiefsten Herzen betrübt, seiner Urlaubsfreude fast schon verlustig, blickt er auf die friedlich hereinrollende Flut, in der die ungefangenen Fische munter springen.*

›*Und dann*‹, *sagte er, aber wieder verschlägt ihm die Erregung die Sprache. Der Fischer klopft ihm auf den Rücken, wie einem Kind, das sich verschluckt hat.* ›*Was dann?*‹, *fragt er leise.*

›*Dann*‹, *sagt der Fremde mit stiller Begeisterung,* ›*dann könnten Sie beruhigt hier am Hafen sitzen, in der Sonne dösen – und auf das herrliche Meer blicken.*‹

›*Aber das tue ich ja schon jetzt*‹, *sagt der Fischer,* ›*ich sitze beruhigt am Hafen und döse, nur Ihr Klicken hat mich dabei gestört.*‹

Tatsächlich zog der solcherlei belehrte Tourist nachdenklich von dannen, denn früher hatte er auch einmal geglaubt, er arbeite, um eines Tages einmal nicht mehr arbeiten zu müssen, aber es blieb keine Spur von Mitleid mit dem ärmlich gekleideten Fischer in ihm zurück, nur ein wenig Neid.«[64]

»Immer zu tun, immer beschäftigt«... Wofür eigentlich? Der immer geschäftige Mensch träumt seit jeher den uralten Traum vom Nichtstun und ist dazu nicht so recht fähig.

Nicht *»Müßiggang ist aller Laster Anfang«*, sondern *»Müßiggang ist aller Kreativität Anfang«* ist viel richtiger. Aus dieser so ganz anderen Erkenntnis entstanden alle wichtigen Werke der Literatur, Musik und Kunst. Denken, Fühlen und Tun benötigen Rhythmen und Leerlaufphasen wie Ein- und Ausatmen, Ebbe und Flut. Unsere Gedanken gehen dann vor allem *»auf Wanderschaft, wenn es nichts Besseres zu tun gibt und wir keine Aufgabe erledigen, die besondere Aufmerksamkeit erfordert«*[65]. Langeweile auszuhalten lohnt sich, denn nach einem Gefühl des Unwohlseins provoziert sie erneute Kreativität aus tieferen Tiefen. Zeiten des Nichtstuns sind Auftankzeiten, *»Zeiten, in denen wir uns selbst mehr Aufmerksamkeit schenken, achtsam auf unsere Gefühle hören und uns ganz dem gegenwärtigen Augenblick hingeben, in dem wir uns nicht darum kümmern, ob das, was wir tun, von Nutzen ist oder nicht.«*[66]

Die Wiederentdeckung der Kraft des Tagträumens eröffnet uns innere Welten, die wichtige Rückzugsorte sind, *»um zu uns zu kommen, uns zu erholen und den Anforderungen, der Außenwelt wieder gewachsen zu sein«*[67]. Tagträumen ist einer der Wege nach innen, um die Heimat der Seele zu entdecken und darin zu wohnen.

- **Slow loving – Die Entdeckung der langsamen Liebe – Innehalten – Sich dem Augenblick hingeben**

Echte Liebe nimmt sich Zeit, Punkt! Nicht nur beim Kennenlernen, sondern beim Vertiefen der Beziehung und bei sexuellem Austausch. Ritsch-Ratsch-Klick, Ex und Hopp, Zack Zack, solche inneren Getriebenheiten führen nicht zum Glück oder zu tieferer Nähe und Heimat beieinander, sondern nur zu Frustration und Angewidertsein. Langsames Kennenlernen, intensive Gespräche und geistige Auseinandersetzungen, Austausch von Gefühlen, gemeinsame Unternehmungen, Hingabe im Augenblick. Slow Sex kann dabei auch bei schon länger zusammenlebenden Paaren ganz neue Ebenen des Sich-Kennenlernens-und-Spürens eröffnen und echte Zufriedenheit ermöglichen.

- **Slow food – Kunst des bewussten Essens**

Fast food, Coffee to go, all diesen Entwicklungen der Neuzeit wird hier bewusst entgegengetreten. Wer lernt, die nötige Nahrungsaufnahme achtsam und genießend zu gestalten, wird mit Lebensmitteln bewusster umgehen, sich um Regionalität und Nachhaltigkeit sorgen, grundsätzlich wählerischer und dankbarer werden. Auf der deutschen Homepage von Slow Food Deutschland findet man unter »Gut, sauber, fair« die drei Grundsätze von Slowfood:

»**Gut:** *wohlschmeckend, nahrhaft, frisch, gesundheitlich einwandfrei, die Sinne anregend und befriedigend.*

Sauber: *hergestellt, ohne die Ressourcen der Erde, die Ökosysteme oder die Umwelt zu belasten und ohne Schaden an Mensch, Natur oder Tier zu verursachen.*

Fair: *die soziale Gerechtigkeit achtend, mit angemessener Bezahlung und fairen Bedingungen für alle – von der Herstellung über den Handel bis hin zum Verzehr.*«[68]

- **Slow walking – Einfach nur gehen – Freies, unbeschwertes Umherstreifen – Schlendern**

Beim Slow walking wird dem reinen Fitnesswahn mit seinem Schneller, Höher, Weiter bewusst entgegengetreten. Langsame, bewusste Bewegung in freier Natur, ein unbeschwertes Umherschweifen, das nicht nach Nutzen fragt, das Verbinden von Gehen, Achtsamkeit, Wahrnehmung, Denken, Philosophieren, Meditieren und Beten, all das verstärkt das ganzheitliche Sich-Wohlfühlen, Geerdetsein und in seiner eigenen Geschwindigkeit im wahrsten Sinne des Wortes Vorankommen. Große Philosophen wie Friedrich Nietzsche dachten im Gehen, Religionsstifter wie Jesus von Nazareth und Gautama Buddha waren Wanderprediger, positiv-spirituelle Gerechtigkeitssucher wie Franz von Assisi und Mahatma Gandhi wurden zu Weltveränderern.[69] Der Liedermacher, Komponist, Schauspieler, Poesietexter und Autor **Konstantin Wecker** besingt in einem leisen Lied[70] die Kunst des Schlenderns. *»Einfach wieder schlendern, über Wolken gehen und im totgesagten Park am Flussufer steh'n«*, so lautet der Refrain. Die Musik und der Text laden wirklich dazu ein, diese alte Kunst wieder für sich selbst neu zu entdecken. Ach ja, langsam schlendern, Stille wahrnehmen, Wiesen riechen, Bäume spüren, sich sein lassen, staunen, anstatt sich zu plagen. Dann findet man seine Ruh ...

- **Slow friends – Mehr Zeit für Freunde und Beziehungen**

»Friendship is a work of heart« (Freundschaft ist Herzensarbeit) steht auf einem meiner Couchkissen und erinnert mich immer wieder daran, wie wertvoll Freundschaften sind und dass das Pflegen dieser vor allem immer wieder Zeit braucht. Freundschaftliche Beziehungen müssen leider im Alltag oft zurückstecken. Echte Freundschaft braucht nicht unbedingt viele Worte, aber Freundschaft benötigt Pflege. Zur Pflege der Freundschaft gehört es, in Kontakt zu bleiben. Es muss nicht immer ein persönliches Treffen sein, auch über das Austauschen von E-Mails, WhatsApp-Nachrichten, SMS oder über Telefonate lässt sich ein guter Kontakt aufrechterhalten. Füreinander da zu sein sowohl in schwierigen als auch in er-

freulichen Lebenssituationen, vertieft die Freundschaft. Wichtig ist, sich aufeinander verlassen zu können, dazu gehören Ehrlichkeit und das Einhalten von Verabredungen. Sich gegenseitig zu akzeptieren, wie man ist, und auch Fehler verzeihen zu können, gehört ebenfalls zur Freundschaft. Dem anderen zu zeigen, dass man an ihn denkt, zum Beispiel an Geburtstagen, und immer wieder einmal gemeinschaftlich Dinge zu erleben, fördert die gegenseitige Verbundenheit. Auf diese Weise können wir unsere Freundschaften pflegen und am Leben erhalten und damit der eigenen Seele eine Heimat geben.

Weitere Bereiche der SLOW-Bewegung, wie **Slow working** (Entschleunigung im Berufsleben – Sich auf das Wesentliche besinnen – Downshifting), **Slow traveling** (Die Kunst des langsamen Reisens), die Entwicklung von **Slow cities** (Stadtentwicklung mit Seele anstelle von reiner Ökonomie) und **Slow retail** (Das Schaffen von individuellen und unverwechselbaren Einkaufsläden mit Lange-Verweildauer-Qualitäten) sollen hier der Vollständigkeit halber noch erwähnt werden.

Mithilfe dieser Hinweise zu einer sinnvollen Entschleunigung, wie Warten lernen, Geduld üben und SLOW/Verlangsamung erreichen wir viel eher das erwünschte Ziel als durch Stress, Hektik und permanente Eile. Seriöse Übungen zur Entschleunigung wollen individuell entdeckt und eingeübt werden, um den Mehrwert des Lebens wieder auskosten zu können. Solche Übungen zur Entschleunigung können beispielsweise sein: Achtsamkeit, Reframing, Selbstmanagement, digitaler Detox (bewusst weniger elektronische Geräte nutzen), Auszeit, Bewegung, Beenden von Multitasking, ohne Armbanduhr leben, Zeitfresser enttarnen und eliminieren, Pausen schaffen, Pyjama-Tag einführen – einen Tag nichts machen, Prioritäten setzen (weniger ist mehr), positive

Grundstimmung, den langen Weg nach Hause nehmen, auf Zeitlupe schalten, im Hier und Jetzt leben, das Zuhause zu einer Oase machen, Seelenfreude in der Küche – mit Genuss essen, Entspannung und Meditation im Alltag integrieren, den Tag ausklingen lassen und gesunder Schlaf.

Dann kann man sich selbst, seine Innenwelt und das, was man wirklich möchte und wirklich braucht, sein Kraftreservoir (wieder) neu entdecken und (wieder) in die Lebensvollzüge einbauen. Entschleunigung ist ein wichtiger Schritt hin zu dem Ziel, der Seele eine Heimat zu geben.

RÜCKZUG – ALLEINSEIN – AUFTANKEN

Das XXII. Sonett

Wir sind die Treibenden.
Aber den Schritt der Zeit,
nehmt ihn als Kleinigkeit
im immer Bleibenden.

Alles das Eilende
wird schon vorüber sein;
denn das Verweilende
erst weiht uns ein.

Knaben, o werft den Mut
nicht in die Schnelligkeit,
nicht in den Flugversuch.

Alles ist ausgeruht:
Dunkel und Helligkeit,
Blume und Buch.

(Rainer Maria Rilke)[71]

Eine gesunde Seele benötigt Stille, Ruhe, Rückzug und spirituelle Erfahrungen. Echter Mut in der Zeit der Spätmoderne liegt nicht, frei nach Rilke, in der Schnelligkeit und dem Entfliehen, sondern im Ausruhen und im Alleinseinkönnen. Die Fähigkeit, die Kunst des Alleinseins (wieder) einzuüben, ist nicht nur die Voraussetzung für ein gelingendes Leben, sondern auch Kraftquelle und Raum der Anbindung an eine tiefere Geborgenheit.

Große Denker, Künstler, Wissenschaftler und Visionäre betonten immer wieder das Alleinsein als eine effektive

Maßnahme, um eigene Potentiale ausschöpfen zu können und gleichzeitig sich an Inspirationsquellen anzuschließen, die außerhalb meiner selbst liegen. Alleinsein und Ruhe können zum Hort von Glück, aber auch von Unglück werden, wie **Ludwig Börne** (Juda Löw Baruch) (1786-1837), der als Wegbereiter des politischen Journalismus in Deutschland gilt, schon vor langer Zeit wusste: *»Ruhe ist Glück – wenn sie ein Ausruhen ist, wenn wir sie gewählt, wenn wir sie gefunden, nachdem wir sie gesucht; aber Ruhe ist kein Glück, wenn sie unsere einzige Beschäftigung ist.«*[72]

Unterscheidung zwischen Einsamkeit und Alleinsein

Einsamkeit und Alleinsein werden fälschlicherweise oft gleichgesetzt. Sie sind es aber nicht. Mit Blick auf verschiedene Studien zu diesem Thema kann man Folgendes festhalten[73]: Der renommierte Einsamkeitsforscher, Sozialpsychologe und Neurowissenschaftler **John Cacioppo** (University of Chicago) betont, dass Einsamkeit nicht an die An- oder Abwesenheit oder die Anzahl von Menschen gebunden ist, die man kennt. Wer einsam ist, dem fehlen nicht einfach Menschen, sondern dem fehlt das Gefühl, von ihnen beachtet, anerkannt und gebraucht zu werden. Und der Soziologe **Robert Weiss** (University of Massachusetts) unterscheidet ergänzend emotionale Einsamkeit (Mangel an festen Vertrauenspersonen) von sozialer Einsamkeit (Mangel an sozialer Integration). Vor Einsamkeitsgefühlen ist niemand gefeit, Einsamkeit stellt eine Grundbefindlichkeit menschlichen Daseins (**Martin Heidegger**) dar. Sogar, wenn Menschen scheinbar gut vernetzt, beliebt, verheiratet, jung und erfolgreich sind, können sie einsam sein, wie Prinzessin Diana, Romy Schneider, Marilyn Monroe oder Janis Joplin zeigen.

Wer sich einsam fühlt, macht sein Leben, sein Glück, seine Gefühle, sein Selbstwertgefühl, ja sogar seine eigene Identität von anderen abhängig. Persönlichkeitsstrukturen wie depressiver oder narzisstischer Grundcharakter, Schüchternheit, Auf-sich-selbst-Bezogensein und Ähnliches mehr verstärken Einsamkeitsmomente zu Dauerstadien. Man fühlt sich von anderen abgeschnitten, ausgegrenzt, abgelehnt und traurig. Die zunehmende Partnerlosigkeit in der Singlegesellschaft moderner Industriestaaten führt zu einer neuen Form der Vereinsamung, obwohl eigentlich alles für ein glückliches Leben vorhanden wäre.

Einsamkeit ist ähnlich wie Hunger, Durst oder Schmerz ein wichtiges Warnsignal, das nach Änderung des Status Quo ruft. Länger anhaltende oder pathologisch gewordene Einsamkeit stellt auch ein erhebliches Gesundheitsrisiko dar, gefährlicher noch als Rauchen oder Übergewicht. Sie erhöht den Blutdruck, bringt Schlaf und Immunsystem durcheinander, verdunkelt das Leben, verkürzt es sogar.

Die amerikanischen Sozialpsychologen **Carin Rubenstein** und **Phillip Shaver** unterscheiden[74] die Einsamkeit zwischen einer traurigen Passivität und einer aktiven Einsamkeit. Traurige Passivität kennzeichnet Schlafen, Nichtstun, Alkohol trinken, zu viel essen, zu viel TV-Konsum, Beruhigungsmittel und die Angst, vor Einsamkeit verrückt zu werden. Aktive Einsamkeit besucht Fitnesskurse, besitzt Theaterabonnements, malt, lernt z.B. eine Sprache, liest oder engagiert sich für soziale Projekte.

Das Alleinsein unterscheidet sich von der Einsamkeit vor allem darin, dass es selbstgewählt ist: Man zieht sich bewusst in einen Zustand der emotionalen und sozialen Unabhängigkeit und Selbständigkeit zurück. Dort findet man im besten Fall sich selbst, seinen eigenen Rhythmus, die Freiheit von Fremdbestimmung, Inspiration, innere Klarheit, Ruhe und Kreativität. In dieser »kreativen Inkubation« (**Rebecca McMillan**) kann die innere Balance zwischen Sozialleben und Selbstzeit wieder hergestellt werden. Und wie bei allem gilt hier auch, dass es auf die richtige Dosierung ankommt.

Die Schattenseiten des Alleinseins

Alleinsein verändert Menschen, manchmal leider auch zum Negativen. Alleinsein kann zu einer selbstgebauten Falle werden und Menschen auf Dauer unsozial machen. Sie »*werden Einzelgänger. Und manche werden ganz allmählich wunderlich. Sie geraten sozial aus dem Takt, rutschen unbemerkt und ungewollt in eine emotionale Verwahrlosung. Wer Freunde verprellt, Bekannte vernachlässigt, Nachbarn brüskiert – nur, weil er immer öfter seine Ruhe haben will –, der bringt sich selbst um ein Stück Leben.*«[75] Die Grenzen zwischen einem Lebenskünstler, der Alleinsein als Fülle erlebt und genießt, und dem Eigenbrötler und Sonderling, der Alleinsein als Mangel erfährt, können fließend sein. Selbstverständlich gibt es bei den Eigenbrötlern und Verschrobenen auch sympathische Zeitgenossen, wie Miss Sophie und ihren Butler James aus dem Sketch »Dinner for one« (Der 90. Geburtstag) aus dem Jahre 1963, der in Deutschland Kultstatus hat und jedes Jahr an Silvester auf vielen Fernsehkanälen ausgestrahlt wird.

Das Alleinsein-Können will und muss eingeübt werden, wenn es zu einer echten inneren Quelle der Kraft und der Regeneration werden soll. Und das beginnt schon in der Kindheit. Der britische Kinderarzt und Psychoanalytiker **Donald W. Winnicott** verfasste hierzu schon 1957 einen inzwischen klassischen Aufsatz.[76]

Zusammengefasst[77] wissen wir seit diesen Untersuchungen, dass Menschen, die von früh an die Erfahrung gemacht haben, dass sie sicher gebunden sind, dass sie auf eine Welt getroffen sind, die sie erwartet hat und ihnen die Möglichkeit gab, sich in einer Sicherheit selbst auszuprobieren, später auch fähig sind, die Welt zu erkunden und etwas zu riskieren. Sie sind fähig gemacht worden, mit sich selbst zu sein, bei sich zu sein, unabhängig von den anderen. Ein Kind, das z.B. nicht selbstvergessen spielen darf, sondern permanent darin von einer überkontrollierenden Mutter korrigiert wird, wird innerlich verunsichert und sucht immer wieder Fremdbestätigung. Solche Kinder werden von früh an umgepolt von gesundem und selbstvergessenem Bei-sich-sein hin zu ungesundem Außer-sich-sein. Solche Kinder werden zu Erwachsenen, wie es sie heute zu Hauf gibt: In der irrigen Meinung, frei entscheiden zu können, dabei aber innerlich so konditioniert, dass immer der Beifall der anderen gesucht wird. Bei solchen Zeitgenossen verkümmert die Fähigkeit, mit sich selbst produktiv und kreativ allein sein zu können. Sie sind immer außer sich. *»Ein Mensch, der bei sich ist, hat Kontrolle über sich, ist mit sich eins. Ein Mensch, der außer sich ist, ist trostlos, gar untröstlich und benötigt Trost durch die anderen. Er ist einsam ...«*[78] Ziel einer guten Lebenskunst und/oder Lebenskönnerschaft *»ist es deshalb, das eigene Leben so zu führen, dass man bei sich bleibt, sich nicht verliert, zumindest nicht dauerhaft, sondern immer wieder zu sich findet; dass man Alleinsein sucht und Einsamkeit meidet.«*[79]

Der frühere Chefredakteur der Zeitschrift »Psychologie Heute«, **Heiko Ernst**, stellt die sehr sinnvolle und nützliche Frage, warum wir Menschen uns nach dem Alleinsein sehnen, es gleichzeitig aber scheuen. Seine hier zusammengefassten Antworten sind wirklich hilfreich, um dieses Paradoxon zu verstehen[80]:

- Die Erfahrung des Alleinseins ist eng gekoppelt an Vorstellungen von unfreiwilliger Isolation und Einsamkeit. Wegen seiner Nähe zum Verlassenwerden ist es angstbesetzt.
- Die existenzialistische Erkenntnis, dass wir alle letztlich allein sind, ist schwer zu ertragen. Deshalb lässt man sich davon gerne ablenken.
- Die allgemeine Todesfurcht hat seit der Renaissancezeit zugenommen. Die Ewigkeitsvergessenheit ist signifikant gewachsen. Die Angst vor dem Tod, dem ultimativen Alleinsein, färbt immer stärker auf diesseitige Formen des Alleinseins ab.
- Eine falsche Zweiteilung der Sichtweise auf den Menschen, nicht zuletzt durch die Psychologie, – Extravertiertheit oder Introvertiertheit – wird dem Menschen nicht gerecht. Es gibt immer auch Mischformen.
- Philosophie und Psychologie sehen im Dialog das Allheilmittel für alle Probleme, was so nicht stimmt. Das Mit-sich-selbst-ausmachen, das Sinnieren und Nachdenken wird nicht als eigener Wert gesehen.

Alleinsein als Lebenskunst

Der Frankfurter Psychologe, Soziologe und Direktor des dortigen Sigmund-Freud-Instituts **Rolf Haubl** warnt davor, das Alleinsein zu zementieren[81], denn Menschen haben jederzeit die Chance, früher in ausreichendem Maße nicht gemachte Erfahrungen nachzuholen, wenn auch nicht selten unter Schmerzen. Die Fähigkeit zum Alleinsein will ein Leben lang geübt werden. Therapeutische Settings, geistliche Retreats oder Begegnungen mit seelenverwandten Personen helfen ein Stück weit frühkindlich nicht gemachte Erfahrungen zu ersetzen. Dabei spielt der Aufbau einer vertrauensvollen Beziehung zu einem Therapeuten, Coach, Seelsorger oder geistlichen

Begleiter eine entscheidende Rolle. Er wird zu einem »guten Objekt«, der das auf sich zieht, was jemand in seiner Lebensgeschichte zu wenig gehabt hat. In der Psychologie spricht man von der Fähigkeit, ein inneres gutes Objekt aufzurufen, mit dem man *»sich in einer kritischen Situation verständigt. Das muss gar niemand Reales sein, sondern ich muss sozusagen mit den Personen, die mein Leben lang mich begleitet haben, mit denen muss ich sozusagen ins Gespräch kommen.«*[82]

Der jüdische Schriftsteller **Manés Sperber** bestätigt die Verfügbarkeit der inneren guten Objekte sogar in der Situation des in ein Gefängnis Gesperrtseins: *»Nur in den Augenblicken der alles verfinsternden Verzweiflung war ich allein. Sonst gelang es, die Zelle mit all jenen zu bevölkern, die mir je etwas bedeutet hatten. Lauscht man dem eigenen Herzschlag, so ist es, als ob ihn der Herzschlag der besten Freunde begleite.«*[83]

Auf meinem Schreibtisch steht die Dankeskarte einer Frau, die im Laufe vieler Jahre immer wieder die Psychiatrie – teilweise die geschlossene Abteilung – aufsuchen musste. Ihre Kindheit, ihre Ehe, ihre Lebensgeschichte ließen sie immer wieder verzweifeln und bis an den Rand der Selbstzerstörung kommen. Ich durfte als Klinikseelsorger mit ihr einige Seelsorgegespräche führen. Sie schreibt: *»Ich könnte Ihnen ewig zuhören, wie Sie die Dinge sehen und umsetzen. Auf Ihrer Internetseite, die ich in meinen schlaflosen Nächten besuche, habe ich einige Erkenntnisse gewonnen und Zuversicht. Sie sprechen eine Sprache, die die Menschen erreicht und die sie verstehen. Auch meinen übermäßig langen Klinikaufenthalt mit langen Zeiten des Alleinseins kann ich heute aus einer ganz anderen Perspektive sehen. Alles in allem in einem ›positiven Licht‹. Auch meine ›Abstürze‹, meine wiederholte völlige Verzweiflung, haben mich letztendlich wieder näher an* *meinen ursprünglichen christlichen Glauben gebracht. Das allein habe ich Ihnen und den gemeinsamen Gesprächen zu verdanken. Ich bin schon lange auf der Suche, habe mich mit anderen Glaubensrichtungen befasst, zeitweise gelebt, aber nie diese Zuversicht gefunden, die ich bei Ihnen spüre. Zum ersten Mal ist hier im Klinikum auch meine Seele etwas heiler geworden. Das Alleinsein hat seine Aggressivität und Bedrohung verloren. Für mich bis jetzt unvorstellbar ...«*

Wer den Mut aufbringt, sich selbst im Alleinsein zu begegnen, wer sich mit seiner verborgenen Schattenseite anfreundet und aussöhnt, der wird heiler, zuversichtlicher und ganzheitlicher. Die Münchner Psychologin **Bärbel Wardetzki** benennt dies so: »*Im Grunde wissen wir alles und im Grunde haben wir alles. Aber wir haben es nicht zur Verfügung. Und das ist die eigentliche Aufgabe. Die Kraft, die Bedürfnisse und die Gefühle und unser Selbstbewusstsein, alles das verfügbar zu machen für uns. Und wir leben oftmals nur bestimmte Teile statt dem Ganzen. Und ich finde es ein tolles Lebensprojekt zu sagen: Ich möchte ganz werden. Und die Teile auch erleben, die ich von mir nicht kenne. Und das kann ich im Alleinsein in Teilen herausfinden.*«[84]

Alleinsein als heilsame Strategie

Moderne Menschen erfahren sich trotz vielfältiger Beziehungsgeflechte in der realen und in der virtuellen Wirklichkeit zunehmend verloren und einsam. Sie leben im ständigen Online-Modus, zumindest aber auf Stand-by. Die nahezu grenzenlosen Möglichkeiten der Kommunikationsgesellschaft vernichten Lebenszeit und Lebensgefühl. Die permanente Reizüberflutung in der modernen Welt macht uns nicht nur krank, sondern auch blind für das Wesentliche. In unserer Gesellschaft wird Alleinsein nicht mehr als Wert an sich gesehen. Das Immer-zu-tun-Haben, Immer-abgelenkt-sein-Müssen kann zu einer Sucht werden, die unser Leben auffrisst.

Es ist mittlerweile fast unerträglich geworden, wenn Menschen nicht nur an öffentlichen Orten oder in öffentlichen Verkehrsmitteln immer und überall einem mit ihren Handytelefonaten »beglücken« oder unmöglichste Verrenkungen anstellen, um Selfies zu machen. An den wenigen einsamen Orten, die es noch gibt, wird heute sofort das Smartphone gezückt, um via Facebook, Instagram, WhatsApp und Co. den zahlreichen Digitalfreunden mitzuteilen, wie schön es auf einem Berggipfel sein kann oder wie verärgert man ist, wenn mal wieder ein Funkloch sich aufgetan hat.

Auf gut nachvollziehbare Weise zeigt folgende Beschreibung, wie unsensible Zeitgenossen fast heilige Momente des Rückzugs, der Stille und inneren Erholung im Handumdrehen zerstören können.

»Als ich vor ein paar Wochen durch eine gewaltig schöne Schlucht auf Kreta wanderte, sagte ein Freund zu mir: diesen Weg kann man nur mit Andacht gehen. Es war eine heilige Stille, Adler kreisten lautlos über unseren Köpfen. Wir setzten uns auf einen Felsen und verharrten stumm in dieser grandiosen Landschaft. Es gibt Augenblicke, in denen sich das Sprechen verbietet, weil nur in der Stille der Klang der Welt zu hören ist. Wir schwiegen. Wir waren ganz bei uns. Fünf Minuten oder fünf Stunden, ich weiß es nicht mehr. An diesem Ort war Ewigkeit – bis einer kam und alles zerstörte. Einer dieser geschwätzigen Selbstredner latschte durch die Schlucht und brüllte: ›Waas, hörst Du mich? Ich bin hier in so einem verfluchten Loch, warte mal, ich klettere ein bisschen höher, dann habe ich wieder ein Netz ...‹ Er stolperte grußlos an uns vorbei und verunreinigte diesen für uns gesegneten Ort mit seinem akustischen Müll.«[85]

Der Kapuzinerpater und Psychologe **Guido Kreppold** zog schon vor vielen Jahren den Vergleich zwischen kranken Seelen und kranken Bäumen.[86] Der in sich vermüllte Mensch vermüllt die Natur, die Meere und beschleunigt dadurch seinen eigenen Untergang.

Wir Menschen brauchen für unsere psycho-physische Gesundheit neben dem Austausch in sozialen Beziehungen immer wieder zum Ausgleich Alleinzeit, Selbstzeit, Müßiggang, Nichtstun.

Vor allem Müßiggang und Nichtstun kommen den Achsobeschäftigten immer verdächtig vor und dürfen nicht zugelassen werden, wie der berühmte Loriotsketch von Hermann und Berta[87] zeigt. Berta, die in der Küche hin- und herstakst und alles Mögliche dort tut, kann es gar nicht fassen, dass ihr Mann Hermann im Wohnzimmer in seinem Sessel sitzt und nichts tut.

Berta: Was machst du denn?
Hermann: Nichts
Nichts? Wieso nichts?
Ich mache nichts ...
Gar nichts?
Nein.
(Pause)
(Stimme schnippischer) Überhaupt nichts?
Nein, ich sitze hier ...
Du sitzt da?
Ja ...
Aber irgendwas machst du doch?
Nein.
(Pause)
Denkst du irgendwas?
Nichts Besonderes.
Es könnte ja nicht schaden, wenn du mal spazieren gehst.
Nein, nein ...

Hermann möchte einfach nur in seinem Sessel sitzen und darf nicht. Der Sketch endet leicht aggressiv ... und er zeigt unsere Zeitkrankheit auf pointierte Weise: Nichtstun geht gar nicht. Kaum sitzt man mal still da, fordern innere oder äußere Impulse einen auf, dies oder jenes zu tun. Aktivität, nicht Passivität, Leistung, nicht Faulsein stehen nach wie vor gesellschaftlich und innerpsychisch an erster Stelle.

Allein-sein-können wird aber zum Gebot der Stunde, um innerlich aufräumen, entmüllen zu können, wenn wir äußerlich nicht die Würde des Menschseins verlieren wollen. Wenn wir Zeiten des Leerlaufs bewusst aushalten und unserem Gehirn bewusst Zeiten der Ruhe und des Nichtstuns geben, wird es uns dies danken mit Kreativität, Selbsterkenntnis, Resilienz gegen Burnout, neuer Kraft und Gesundheit.[88]

Dieser Rückzug in sich selbst, dieses Gehen ins eigene Zentrum wird nicht als bedrohlich, sondern vielmehr als nützlich, lohnenswert und bereichernd erfahren, wenn laut der amerikanischen Psychologieprofessorin **Kenneth Rubin** folgende Kriterien gegeben sind[89]:

- Ich bin freiwillig allein.
- Ich kann mich einer sozialen Gruppe anschließen, wann immer ich mag.
- Ich kann meine Emotionen, beispielsweise soziale Ängste oder Wut, erfolgreich kontrollieren.
- Ich kann positive und unterstützende Beziehungen mit wichtigen, mir nahestehenden Personen initiieren und aufrechterhalten.

Wir müssen lernen, gern allein zu sein

So paradox es klingt: Allein-sein-können kommt nicht von alleine. Allein-sein-können muss eingeübt werden, wenn wir mit einer seelischen Schutzhaut versehen die Lebensreise gut bestehen wollen. Das gilt in der Innenwelt genauso wie in der Außenwelt, wie das sehr interessante Buch »Die Kunst, allein zu reisen und bei sich selbst anzukommen« von **Katrin Zita** zeigt: »*Eine Reise mit sich allein spiegelt im Kleinen das große Potential wider, das wir aus uns selbst und aus der mit uns allein verbrachten Zeit gewinnen können: Klarheit, Mut und Raum für neue Ideen, was wir mit unserem Leben erreichen wollen. Wir beschreiten neue Wege und wagen neue Herausforderungen. Neue Ziele stellen sich ganz von selbst ein.*«[90]

Die Fähigkeit zum Alleinsein gilt auch als Reifeprüfung für das Älter- und Altwerden. Im Alter nehmen durch verschiedene Umstände wie z.B. den Verlust des Partners oder von Freunden durch Tod, durch mehr oder weniger lange Krankheitsepisoden, Behinderungen oder den Verlust von sozialer Sicherheit und gewohnter Umgebung die Zeiten des auferlegten Allein-sein-müssens zu. Sinnvoll und hilfreich ist es deshalb, das Alleinsein schon in guten Zeiten einzuüben, um für magere Zeiten gerüstet zu sein.

Der Mehrwert positiven Alleinseins

Wer das Alleinsein einübt, der fokussiert sich und seine Wahrnehmung auf den Ort, wo er sich jetzt befindet, auf die Empfindungen, Gerüche, Geräusche. Das Sein im JETZT[91], das der spirituelle Lehrer **Eckhart Tolle** immer wieder betont, öffnet die Türen nach innen, dem Ort, wo eine innere Quelle sprudelt und innere Schätze sich befinden. Dort gibt es Momente großer Einsicht und Erkenntnis. Ein notwendiger Abstand zum ganz normalen Wahnsinn des Alltages hilft, Lebenszusammenhänge klarer zu erkennen, unerledigte Probleme auszuhalten, hinzuhalten und ungeahnte Lösungen zu finden.

Die Gefühlswelt beruhigt sich, Schicht um Schicht von Fremdüberlagerungen wird abgetragen, um zum Eigenen vorzudringen, den eigenen Visionen, Talenten, Fähigkeiten, dem Eigen-Sinn. Längst Vergessenes und als nicht realisierbar Abgehaktes wird durch seelische Hellhörigkeit wieder als sehr lebendig wahrgenommen. »*Da war doch mal was ...*« Ursprüngliche Lebensmotive, Überzeugungen und Grundsätze, all das, was man einmal leben wollte und aus welchen Gründen auch immer wieder vergessen hat, werden reanimiert. Wer lernt, auf seine innere Stimme im Allein-sein-können zu hören, dessen Wünsche und Sehnsüchte werden neu formuliert, der erkennt Wesentliches und findet zur »puren Existenz«[92], wie der amerikanische Franziskaner **Richard Rohr** es herausgefunden hat.

Alleinsein ist eine »unterschätzte Ressource«[93] (**Anna Gielas**), denn ein immer wieder vollzogener Rückzug ins Alleinsein ermöglicht es, sich selbst zu finden und dabei die Quellen der Ruhe, der Kreativität, der Geduld, des Warten-könnens, der Lebensfreude und der Gelassenheit zu finden, die in uns verborgen sprudeln.[94]

Gelassenheit ist die Voraussetzung dafür, eine freundliche Beziehung zu sich selbst aufbauen zu können. Denn wer das Alleinsein einübt, der übt sich auch in der hohen Kunst der Selbstfreundschaft[95] (**Wilhelm Schmid**) ein, er mag sich selbst und verstärkt dadurch seine Selbstwirksamkeit. Menschen, die mit sich allein sein können, werden in Gesellschaft als stimmig, authentisch und positiv eigensinnig wahrgenommen und geschätzt. Alleinsein-können ist die Voraussetzung für ein gesundes In-Beziehung-leben-können.

Das Einüben des Alleinseins wird im Laufe der Zeit durch innere Realitäten und Qualitäten bereichert, die mit unserer Sehnsucht, Spiritualität, unseren Wünschen, Tagträumen, Träumen, Imaginationen und unserer Suche nach dem persönlichen Sinn unseres Lebens zu tun haben.[96]

Voraussetzungen für positives Alleinsein

Damit Alleinsein zum »Tahiti der Seele« (**Herman Melville**) werden kann, bedarf es nur weniger Voraussetzungen[97]:
- Mehr oder weniger harmonische Rahmenbedingungen wie eine friedliche und ruhige Umgebung. In Meditation und innerer Versenkung Geübte können sogar im Trubel von Menschenmassen zur inneren Ruhe finden, Anfänger benötigen aber einen ruhigen, warm temperierten und halbwegs gemütlichen Platz in der Wohnung, in der Natur, in einer Kirche, einer Kapelle oder einen Meditationsraum.
- Durch verschiedene Übungen – am besten ist es, sich auf die für einen selbst passende im Lauf der Zeit zu konzentrieren – aus Tai Chi, Chi Gong, Feldenkrais, Yoga, Meditation, Kontemplation, Mantra-, Rosenkranz-, Jesus- oder Ruhegebet sich in eine ruhige und friedliche Stimmung versetzen. Das Warten auf einem Jägersitz, das Angeln oder Aquarellmalen, diese und viele andere Formen des Bei-sich-seins im Alleinsein schenken »Flow«[98] , einen beglückenden mentalen Zustand völliger Vertiefung.
- Den »Blick nach innen«, das »Lauschen nach innen«, das Imaginieren, das Kontaktaufnehmen mit der inneren und/oder geistigen Welt einüben. Wie das geht, lernt man in entsprechenden Kursen. Naturtalente können es aber auch intuitiv und harmonisieren in einer Meditationshaltung ihren Atem mit einem inneren Wort.
- Auf die innere Stimme hören. Folgende Impulse können bei diesem inneren Dialog helfen: Wie geht es mir gerade? Identifiziere die fremden Stimmen in dir. Beobachte ohne Wertung deine Gedanken. Führe ein

inneres und äußeres Seelentagebuch – halte Wichtiges schriftlich fest.
- Der Lösung Zeit geben, sich entwickeln zu können, indem man seine »inneren Verbündeten« (**Uwe Böschemeyer**) kennenlernt, mit ihnen in Kontakt bleibt und dabei mehr und mehr den Reichtum des Seelenraumes, des inneren Herzensraumes entdeckt und auslotet. Der Theologe, Logo- und Psychotherapeut Uwe Böschemeyer entwickelte die Methode der Wertimagination[99], die auf hervorragende Weise dabei hilft, mit sich selbst in Kontakt zu kommen: »*In jedem Menschen lebt ein ursprüngliches Bild seiner selbst, das darauf wartet gelebt zu werden. Die Wertimagination ist ein Weg, Menschen mit ihren tiefsten Sinngefühlen in Kontakt zu bringen. Dieser Weg führt auf innere Entdeckungsreisen zu Mut, Freiheit, Vertrauen – zu einer neuen Liebe zum Leben.*«[100]
- Der Stimme des Herzens folgen, wie **Susanna Tamaro** in ihrem Roman »Geh, wohin dein Herz dich trägt« es so treffend beschreibt: »*Und wenn sich dann viele verschiedene Wege vor dir auftun werden und du nicht weißt, welchen du einschlagen sollst, dann überlasse es nicht dem Zufall, sondern setz dich und warte. Atme so tief und vertrauensvoll, wie du an dem Tag geatmet hast, als du auf die Welt kamst, lass dich von nichts ablenken, warte, warte noch. Lausche still und schweigend auf dein Herz. Wenn es dann zu dir spricht, steh auf, und geh, wohin es dich trägt.*«[101]

Im November 2015 führte ein Zusammenschluss von Medizinern, Wissenschaftlern und Gesundheitsexperten in Zusammenarbeit mit der BBC London eine große Onlineumfrage mit insgesamt 18.000 Menschen aus 134 Ländern zum Thema Erholung und Ruhepausen durch, die als der »**Rest Test**« bekannt wurde. Die Ergebnisse lassen aufhorchen, denn die zehn erholsamsten Aktivitäten sind gemäß dieser Studie:

1. Lesen
2. In der Natur sein
3. Allein sein
4. Musik hören
5. Nichts (Besonderes) tun
6. Spazieren gehen
7. Dusche oder Bad nehmen
8. Tagträumen
9. Fernsehen gucken
10. Meditieren oder in sich gehen

Diese Tätigkeiten werden fast ausschließlich alleine durchgeführt. Die erste in dieser Studie genannte eindeutig soziale Aktivität, nämlich Familie oder Freunde treffen, landet außerhalb dieser Top-Ten-Liste. Weiterhin interessant ist hier auch die Erkenntnis, dass introvertierte und extrovertierte Menschen ganz ähnlich antworteten. Das Allein-sein-können ist, so eine weitere Erkenntnis dieser Studie, eine sehr gute Prävention gegen Burn-out und Bore-out, die beiden modernen Geißeln geplagter Seelen. Allein-sein-können stärkt die Resilienz, die seelische Widerstandskraft.

Das Allein-sein-können ist alles in allem ein Königsweg gegen Fremdbestimmung und Erschöpfung, es fördert die Selbstentfaltung, führt zu Wesentlichem und innerer Freiheit. Der Literaturnobelpreisträger **Hermann Hesse** sagte einmal: »*Nur im Alleinsein können wir uns selber finden. Alleinsein ist nicht Einsamkeit, es ist das größte Abenteuer!*«[102]

Alleinsein-können ist Abenteuer und Lebenskunst, Allein-sein-können ist DAS therapeutische Heilmittel gegen den sich ausbreitenden Krankheitserreger Einsamkeit[103], Allein-sein-können führt in innere Freiräume, die einen aufatmen lassen, an einen inneren Ort, wo die Stille spricht und die Tiefe hell ist.

STILLE – ANDERWELT UND LICHTBLICK

Das göttliche Land

Der Meister war in mitteilsamer Stimmung, also versuchten seine Schüler von ihm zu erfahren, welche Entwicklungsstufen er auf seiner Suche nach dem Göttlichen durchgemacht hatte.
»Zuerst nahm mich Gott an der Hand und führte mich in das Land der Tat, und dort blieb ich mehrere Jahre.
Dann kehrte Er zu mir zurück und führte mich in das Land des Leidens; dort lebte ich, bis mein Herz von jeder übermäßigen Bindung gereinigt war.
Darauf fand ich mich wieder im Land der Liebe, dessen Flamme alles verzehrte, was von meinem Selbst übrig geblieben war.
Und das brachte mich in das Land der Stille, wo die Geheimnisse von Leben und Tod vor meinen staunenden Augen enthüllt wurden.«
»War das die letzte Stufe Eurer Suche?«, fragten sie.
»Nein«, sagte der Meister, »eines Tages sagte Gott: »Heute werde ich dich in das innerste Heiligtum des Tempels mitnehmen, in das Herz von Gott selbst.« Und ich wurde in das Land des Lachens geführt.«

Antony de Mello[104]

Um der Stille gerecht zu werden, müsste ich nun eigentlich schweigen, denn, so sagte schon der österreichische Sprachphilosoph **Ludwig Wittgenstein** in seinem berühmten Werk »Tractatus logico-philosophicus«, Absatz 7: *»Wovon man nicht reden kann, darüber sollte man besser schweigen.«*[105]

Geborgenheitserfahrungen machen die Seele reich

Folgende Geschichte aus dem ganz normalen Leben zeigt mir aber, wie wichtig es doch ist, dass über Stille und deren geheimnisvoll erhebende Kraft gesprochen wird.

Es war während eines Hausbesuches bei einem älteren Ehepaar von Ende 70. Der jüngste Enkel, ein Steppke von fünf Jahren sagte, so erzählte es mir die Oma Rosmarie mit einem lächelnden Augenzwinkern, der Enkel sagte also mit den Händen in die Hüften gestemmt und entrüstet: »*Zu euch, Opa und Oma, komme ich nicht mehr. Ihr habt ja gar nichts an!*« Der Dreikäsehoch meinte nicht, dass seine Großeltern unbekleidet waren, sondern er langweilte sich, weil bei Opa und Oma kein Radio, kein Fernseher, kein Internet, kein Smartphone irgendwelche Töne von sich gaben. Oma fand das amüsant. Ich lache zwar am Anfang auch über diese Geschichte, im Nachhinein stieß sie mir aber sauer auf. Ein Fünfjähriger kann nichts mit sich anfangen, weil er es nicht gelernt hat, für sich zu sein. Immer muss irgendein Gerät an sein, das seine Aufmerksamkeit in Bann zieht. Wie entwickelt sich die Seele des kleinen Mannes und so vieler anderer Zeitgenossen dann auf Dauer? Werden sie den inneren Reichtum der Seele überhaupt einmal erfahren und spüren können – dies benötigt aber Zeiten des Nichtstun und der Stille – oder erleben sie in ihrem Inneren dann nur Nichts, Leere und dunkle Langeweile?

Dem Begründer der Logotherapie und Existenzanalyse, dem Entdecker des existentiellen Vakuums als seelisch krankmachendes inneres schwarzes Loch, **Viktor Emil Frankl**, ging es als Kind Gott sei Dank anders. In seinen autobiografischen Skizzen beschreibt er, wie er als Kind Geborgenheit und Behütetsein erfahren hat. Viktor Emil Frankls glückliche Kindheit und der innere Reichtum seiner Seele ließen ihn später die Hölle auf Erden (zweieinhalb Jahre in vier KZs, den Verlust fast seiner ganzen Familie und vieles mehr) nicht nur überleben. Er wurde überdies zum weltweit angesehenen Propheten, dass das Leben unter allen Umständen einen Sinn hat. In meinem ersten Buch »Sinnvolle Seelsorge«[106], das über ihn geht, durfte ich auch nachweisen, dass dieser Philosoph und Psychiater von einer tiefen Religiosität beseelt war, die sein Leben durchwebte.

»Geh ins Dunkel, wenn du wissen willst, wie das Licht ist.« (**H. A. Gornik**). Geh in die Stille, wenn du wissen willst, wie viel Sinn und Lebensmelodie in dir verborgen liegen. Dein Körper, deine Seele, dein ganzes Sein sind Klangkörper ewiger Wahrheiten, wie bei einer Violine, so betont immer wieder der Geigenbaumeister und Physikingenieur **Martin Schleske**, der einen Bestseller über die Welt des Klanges geschrieben hat.[107] Unsere Realität sieht aber leider anders aus. Wir müssen heute die Orte der Abwesenheit von Licht und Stille nicht extra aufsuchen, allüberall setzen uns Dunkelheit und Lärm im Außen und Innen zu. Viele Menschen spüren ihre Heimatlosigkeit, Desorientierung, Selbstzweifel und ihre Angst. Die Bedürftigkeit nach Heimat, Dazugehören, Geborgensein wird in der zunehmenden Sehnsucht nach diesen immer schmerzlicher wahrgenommen.

Wie kann echte Geborgenheit aber gefunden oder wiedererlangt werden? Psychologie und Psychotherapie der alten Schule suchen nach Quellen des Urvertrauens in einer unbeschadeten Kindheit. Wenn diese aber nicht gegeben war, wurde und wird mühsam Rekonstruktions- und Reparationsarbeit geleistet ... leider oft mit wenig Erfolg. Die von Viktor E. Frankl entwickelte Logotherapie und Existenzanalyse hilft dem Menschen als sinnorientiertes Wesen echte Geborgenheit in einer geistigen

Heimat, in einem transzendenten Ursprung, im alles umgreifenden Sinn zu finden.[108]

Auf einem ganz anderen und dann doch ähnlichen Weg versucht **Jörg Zink**, eine tiefere Heimat zu finden. Er gilt als ein weit über deutsche Lande hinaus anerkannter evangelischer Theologe, geistlicher Schriftsteller, Mitbegründer der Grünenpartei in Deutschland und christlicher Mystiker, der in diesem Kapitel über Stille noch eine wichtige Rolle spielen wird. Jörg Zink verlor zwar als Zweijähriger seine Mutter, die Natur seiner schwäbischen Heimat öffnete aber dem Waisenkind, ähnlich wie es bei vielen Mystikern der Fall war und ist, »*das mütterliche Tor zur Mystik. Tagelang zog er allein durch die stillen Täler der Schwäbischen Alb: ›Wenn ich heute zurücksehe, sehe ich mich wie ein Eichhörnchen sammeln. Eindrücke, Bilder, Begegnungen mit dem, was im Grunde eines Waldes lebt. Bis heute zehre ich davon.‹*«[109] Mit etwa neun Jahren widerfuhr ihm dieses prägende spirituelle Erlebnis: »*Als ich einmal an einem hellen Abend auf einem Felsen saß und über die waldigen Hänge hinschaute, traf es mich plötzlich: Vor meinen Augen lösten sich die Bäume und Berge und die wenigen Häuser auf. Alles wurde durchscheinend, als wäre es aus Glas ... So ist das also, durchfuhr es mich. Alles ist nur Vordergrund! Dahinter ist alles Licht! ... Danach, noch als ich schon erwachsen war, habe ich dieses Licht hinter den Dingen immer wieder gesehen und wusste: Das ist es, was an dieser Welt wirklich ist. In dieser Erfahrung ist eigentlich mein Zutrauen entstanden, das mir vorher gefehlt hat, das Leben sei etwas, das man bestehen könnte.*«[110]

Räume der Stille als Ruheinseln

Da der Weg in die Stille DER Königsweg zu uns selbst, zur Welt des Geistes, der Spiritualität und der transpersonalen, uns also umgreifenden Welt, der Welt Gottes ist, muss und will ich mich mit diesem Freiraum unseres Seins beschäftigen. Stille ist für mich selbst im Laufe der letzten Jahre zu einem Balsam meiner Seele geworden. In allen Religionen gilt die Stille als DER Begegnungsort mit Gott. Stellvertretend dafür möge hier die Gottesbegegnung des Propheten Elija am Berg Horeb gelten. Sie geschah nicht im Sturm, nicht im Erdbeben und auch nicht im Feuer, sondern in einem sanften leisen Säuseln war Gott zu vernehmen (vgl. 1 Kön 19,9a.11-13a).

In unserer immer lauter werdenden Welt boomt das Entdecken der immer rarer werdenden Ruheinseln. Schweigeseminare, Schweigeexerzitien und Stilleretreats sind ausgebucht. Schweigeklöster, Rückzugsorte, einsame Almen werden gesucht wie nie zuvor und die unzähligen Meditations- und Sitzecken in den Wohnungen einer zunehmenden Zahl von religiösen oder nichtreligiösen Sinn- und Stillesuchenden empfinde nicht nur ich als heilsame Gegenbewegung der Ruhe und der Entschleunigung zum alltäglichen Wahnsinn der Hektik, des Lärms und des Immer-schneller-und-weiter.

»Räume der Stille« laden zum Durchatmen im geschäftigen Alltagsgetriebe ein. In Flughäfen, in Bahnhöfen, in Kliniken werden solche Räume neu entdeckt oder geschaffen. Tagtäglich erlebe ich in der Klinikkapelle des großen Klinikum Ingolstadt, wo ich als Priester und Klinikseelsorger arbeite, wie Menschen – religiös oder nichtreligiös – sich niederlassen, durchatmen, abladen und/oder auftanken. In dem nicht selten hektischen Umfeld eines Krankenhauses ist dieser Ort ein Ruhepol, ein Ankerpunkt, eine Tankstelle.

Im Münchener Krankenhaus »Rechts der Isar« befindet sich seit ein paar Jahren in der Klinikkapelle eine

Dauerausstellung »Weltreligionen – Weltfrieden – Weltethos«[111], die in dem multikulturellen und multireligiösen Umfeld einer Großstadtklinik die Möglichkeit zur Auseinandersetzung von Gemeinsamkeiten zwischen Menschen, Weltanschauungen und spirituellen Ausprägungen gibt. Auf mich wirkte bei einem Besuch diese Ausstellung nicht nur informativ, sondern auch befreiend in einer gesamtgesellschaftlich eher zunehmend enger werdenden Haltung zwischen Religionen und Konfessionen.

Ein Besuch in Berlin zeigte mir einen faszinierenden Raum, den Raum der Stille im Brandenburger Tor[112], einem der geschichtsträchtigsten Orte unseres Landes. Dieser Raum lädt zum stillen und friedlichen Verweilen einerseits ein, andererseits fordert er zur Geschwisterlichkeit und Toleranz zwischen verschiedenen Nationalitäten, Rassen, Religionen und Weltanschauungen auf. Im Eingangsbereich wird dies durch folgenden Text, das Gebet der Vereinten Nationen, unterstrichen:

»Herr, unsere Erde ist nur ein kleines Gestirn im großen Weltall. An uns liegt es, daraus einen Planeten zu machen, dessen Geschöpfe nicht mehr von Krieg gepeinigt, nicht mehr von Hunger und Furcht gequält, nicht sinnlos nach Rasse, Hautfarbe und Weltanschauung getrennt werden. Gib uns Mut und Kraft, schon heute mit diesem Werk zu beginnen, damit unsere Kinder und Kindeskinder einst mit Stolz den Namen ›Mensch‹ tragen.«

Stille – faszinierend und angstmachend zugleich

Beginne niemals außer dir,
wenn du deine Welt ordnen willst,
das, was du für deine Welt hältst.

Beginne in dir selbst;
Beginne mit dem genauen Wort!;
ich sage dir:
Beginne in der Stille!

(Ola Persson)[113]

Der evangelische Theologe und Religionswissenschaftler **Rudolf Otto** fasste schon 1917 das Geheimnis des Heiligen, das Geheimnis Gottes mit folgendem Begriff zusammen: *Mysterium tremendum et fascinans.* Das Göttliche ist danach immer beides zugleich: anziehend und erschreckend, fesselnd und bedrohlich. R. Otto war dabei wichtig, einerseits die Unverfügbarkeit des Heiligen / Gottes zu betonen, andererseits aber auch, dass das Heilige erlebt und erfahren werden kann.[114]

Mit der Stille verhält es sich ähnlich, sie ist letztlich auch unverfügbar, aber erfahrbar und führt zum Heiligen, zum Transzenten, zu Gott. Auch wenn Stille immer schon faszinierend für Menschen aller Zeiten gewesen ist, auch wenn moderne Menschen sich so nach ihr sehnen, sie wird gemieden und permanent durch irgendwelche Geräuschkulissen vertrieben. Die Erfindung des Laubbläsers gilt für mich als das Symbol einer modernen Entwicklung, die sinnlos, energiefressend, nervtötend und einfach nur laut ist. Lärm hat sich allüberall wie ein Krebsgeschwür in den gesellschaftlichen und den jeweils eigenen Organismus hineingefressen. In den letzten 30 Jahren hat sich laut dem Umweltbundesamt der Lärmpegel in deutschen Städten mehr als verdoppelt. Lärm macht bekanntlich krank.

Warum aber lassen Menschen den Lärm doch immer wieder diese Macht über ihr Leben gewinnen? Der große Schweizer Psychologe **Carl Gustav Jung** schrieb schon 1957 an Karl Oftinger, den Gründer der Schweizerischen

Liga gegen den Lärm: »*Der Lärm schützt uns vor peinlichem Nachdenken, er zerstreut ängstliche Träume, er versichert uns, dass wir ja alle zusammen seien und ein solches Getöse veranlassen, dass niemand es wagt, uns anzugreifen. ... Je mehr Sie dem Lärm auf den Leib rücken, desto mehr geraten Sie auf das verbotene Territorium der Stille, die so sehr gefürchtet wird.*«[115]

Sille ist nicht einfach nur die Abwesenheit von Geräusch und Lärm, Stille hat viele Facetten und Qualitäten. Die britische Schriftstellerin **Sara Maitland** machte sich über lange Zeiträume auf den Weg der Selbstbegegnung in der Stille. Sie setzte sich mit anderen Stillesuchern, Mystikern, Polarforschern oder Weltumseglern geistig auseinander und schuf über Jahre hin ein heute vielbeachtetes Buch »A book of silence«, »Das Buch der Stille«[116]. Ob es die nächtliche Stille, die positive Stille in der Psychoanalyse, die Stille nach wirklich gutem Sex oder die Stille der mystischen Erfahrung ist, um nur einige wenige Ausformungen der Stille zu benennen, die sie beschreibt, Stille ist letztlich eine innere Haltung, eine Insel im Herzen. Wer aber den Kontakt zur Stille und hier vor allem zu seiner inneren Stille verliert, der verliert den Kontakt zu sich selbst. Wer aber den Kontakt zu sich selbst verliert, gerät in eine Sinnkrise, deren Wurzeln letztlich spiritueller Natur sind: »*Wenn du den Kontakt mit dir selbst verlierst, verlierst du dich selbst in der Welt. ... Stille ist deine wahre Natur. Was ist Stille? Der innere Raum von Bewusstsein, in dem diese Worte wahrgenommen und zu Gedanken werden. ... Du bist dieses Bewusstsein in Gestalt deiner Person. ... Wenn du der Stille gewahr wirst, dann ist da sofort ein Zustand von stiller Wachsamkeit. Du bist präsent. Du bist aus einer kollektiven menschlichen Konditionierung von Tausenden von Jahren ausgestiegen.*«[117], so sagt der spirituelle Lehrer und Autor weltweit erfolgreicher spiritueller Bücher **Eckhart Tolle**.

In früheren Zeiten schufen Baumeister manchmal über lange Zeiträume hinweg in allen Kulturen und Religionen sakrale Bauten, in denen sich die Seelen der Menschen beheimatet, geborgen und umfangen fühlten. Der deutsch-französische Kultursender ARTE setzte diese Erkenntnis 2018 in vier Teilen einer Serie mit dem Titel »Sakrale Bauwerke« auf eindrucksvolle Weise um.[118] Eine christliche Kathedrale z. B. kann wie eine Hülle angesehen werden, die die Seele in ihren Ängsten, Traurigkeiten, Sorgen, aber auch Freuden und Hoffnungen umfängt. Sie kann dem Menschen ein Gefühl geben *»für das eigene Sein, die eigene Kraft der Träume, die große Geborgenheit, die Schönheit des Lebens und die Heimat der Seele.«*[119] In unserer modernen Welt zeigt sich baulich leider meistens, so betont **Theodor Henzler**, der Architekt und Leiter des Instituts für ganzheitliche Architektur, dass seit dem Jahr 1800 das Errichten von Gebäuden ganz anders als früher nur noch den Nutzen kennt. Räume werden seelenloser und geben dies an die Menschen weiter, die darin hausen, nicht wohnen. Auch hier gilt: Der Seele wieder eine Heimat zurückgeben ist das Gebot der Stunde.

Die Bauweisen des ZEN[120], des Feng Shui[121], der jüdischen, der islamischen und der christlichen Kultur schufen z. B. immer auch Innenhöfe oder Innengärten. Der Klassiker ist der Kreuzgang/Kreuzhof christlicher Klosteranlagen mit einem Innengarten und nicht selten sogar mit einem Brunnen darin. *»Seine symbolische Bedeutung liegt darin, dass das Element Wasser die Verbindung zum Seelischen unterstreichen soll. Vor allem aber ist der auf vier Seiten geschlossene Kreuzhof zum Himmel geöffnet. Darin gleicht er der offenen Schale – und das macht ihn zu einem stillen Raum par excellence.«*[122]

Der Brunnen als Symbol der Seele: Dort nicht nur das Wasser sprudeln sehen und hören, sondern tief auf den

Grund des Brunnens schauen, Gerümpel wegräumen und dabei stiller werden und ähnliches erleben, wie es folgende Geschichte erzählt:

»*Eines Tages kamen zu einem einsamen Mönch einige Menschen. Sie fragten ihn: ›Was für einen Sinn siehst du in deinem Leben der Stille und Meditation?‹*
Der Mönch war mit dem Schöpfen von Wasser aus einem tiefen Brunnen beschäftigt. Er sprach zu seinen Besuchern: ›Schaut in den Brunnen. Was seht ihr?‹
Die Leute blickten in den tiefen Brunnen: ›Wir sehen nichts!‹
Nach einer kurzen Weile forderte der Mönch die Leute erneut auf: ›Schaut in den Brunnen! Was seht ihr jetzt?‹
Die Leute blickten wieder hinunter: ›Ja, jetzt sehen wir uns selber!‹
Der Mönch sprach: ›Nun, als ich vorhin Wasser schöpfte, war das Wasser unruhig. Jetzt ist das Wasser ruhig. Das ist die Erfahrung der Stille und der Meditation: Man sieht sich selber! Und nun wartet noch eine Weile.‹
Nach einer Weile sagte der Mönch erneut: ›Schaut jetzt in den Brunnen. Was seht ihr?‹
Die Menschen schauten hinunter: ›Nun sehen wir die Steine auf dem Grund des Brunnens.‹
Da erklärte der Mönch: ›Das ist die Erfahrung der Stille und der Meditation. Wenn man lange genug wartet, sieht man den Grund aller Dinge.‹«[123]

Stille – der Königsweg zu uns selbst

Der irische Priester, Schriftsteller und Philosoph **John O'Donohue** sieht in unserem heutigen Leben einen manischen Drang zum Selbstausdruck, zur Selbstdarstellung und Selbstoptimierung. Unzählige seichte TV-Serien und Soaps, immer weniger recherchierender Journalismus und viele andere Zeitzeichen mehr zeigen eine Oberflächlichkeit und Abgedroschenheit, die nach Korrekturen schreien. »*Wir müssen lernen, mehr Toleranz für die Stille aufzubringen, für die fruchtbare Stille, für das Schweigen, das die Quelle für unsere am stärksten mitschwingende Sprache ist.*«[124] Die Sprache eines Menschen zeigt nämlich auch, wes Geistes Kind jemand ist. Es ist z. B. auch die Sprache, »*das aus der Tiefe des Geistes hervorgehobene Wort, an dem sich Mystiker gegenseitig erkennen.*«[125]

In der Stille öffnen wir den verschlossenen Raum zu unserem Herzen, entdecken innere Weiten und vernehmen den Klang der Ewigkeit. Wer sich in die Stille begibt, der erahnt das, was **Albert Einstein** mit einem anderen Raum-Zeit-Kontinuum in seiner Relativitätstheorie meinte. Man taucht in ein anderes Zeitgefühl ein und spürt, dass es mehr als alles geben muss. Ambivalente und paradoxe Gedanken, Gefühle und Wahrnehmungen finden auf einer höheren oder tieferen Ebene neue und befreiende Antworten.

Der »Schritt in die Stille«[126] oder der »Sprung in den Brunnen«[127] führen nach **Pierre Stutz** über drei Stufen nach innen[128]. Diese Stufen sind:
- Verwunderung mit der Öffnung von Räumen des Staunens
- Entgröberung / Verfeinerung – Die Stille deckt Lebensbehinderndes und Selbstentfremdung auf. Sobald es im Außen stiller wird, wird es innen lauter. Der innere Lärm wird in der Stille mehr als hörbar. Die Gedanken, die Gefühle, die Schmerzen, alle möglichen Impulse melden sich lauthals zu Wort. Das will ausgehalten werden, ohne dem innerlich Erlebten nachzugehen.
- Langeweile und Wunschlosigkeit – Obwohl wir panische Angst vor der Langeweile haben, sehnt sich

unsere Seele immer mehr nach langen Weilen, sie möchte Tiefendimensionen erahnen und das Schöne, aber auch das Widersprüchliche auskosten, nicht verdrängen. Wenn die Langeweile auftaucht und unangenehme Gefühle nach oben kommen, »*dann weiß man, womit man sich konfrontieren muss. Stille Momente ... sind also eine Chance, zur Wahrheit in sich selbst zu gelangen – und damit auf den Weg der Problemlösung*«[129], unterstreicht der Konstanzer Psychotherapeut und Meditationslehrer **Andreas Knuf**.

Diese Erkenntnisse sind nicht neu, sie müssen nur immer wieder neu von jedem Einzelnen erkannt und durchlebt werden. Der Philosoph einer »Weisheit des Herzens«, **Blaise Pascal** (1623-1662), prägte schon im 17. Jahrhundert den folgenden so wahren Satz: »*Nichts ist dem Menschen so unerträglich, als wenn er sich in vollkommener Ruhe befindet, ohne Leidenschaften, ohne Beschäftigungen, ohne Zerstreuungen, ohne Betriebsamkeit. Dann fühlt er seine Nichtigkeit, seine Verlassenheit, seine Unzulänglichkeit, seine Abhängigkeit, seine Ohnmacht, seine Leere. Sogleich werden vom Grunde seiner Seele die Langeweile, der Trübsinn, die Traurigkeit, der Kummer, der Verdruss und die Verzweiflung aufsteigen.*«[130]

Wer diese Stufen immer wieder übend aushält und durchschreitet, der wird über kurz oder lang bei der Entwicklung seines Innenlebens Klärungen, Erkenntnisse, »Erleuchtungen« und Früchte ernten: Inneres und äußeres Aufgeräumtsein, Authentizität und Echtheit, Frieden, Klarheit, Entscheidungsfähigkeit, Freude, Geduld, Güte, Liebe und Sinnhaftigkeit.

In Anlehnung an die schon erwähnte »Begegnung mit dem leisen Gott« in der Geschichte Elijas in 1 Kön 19, 9-15 deutet der geistliche Schriftsteller **Jörg Zink** den

Weg nach innen in der Begegnung mit Gott in der Stille als einen Abstieg in die Untergeschosse seiner Seele[131]. Im ersten Untergeschoss ist noch alles schön und klar. Das Selbstbild hängt als schöner Spiegel an der Wand und tröstet darüber hinweg, weil einen niemand versteht. Im zweiten Untergeschoss wohnen der Unmut, die Wut, die Frustration den Menschen, dem Leben und auch Gott gegenüber. Und im dritten Untergeschoss ist alles voller Gerümpel, Angst, Masken und Beschämendem über uns selbst. Dort ist der Raum der Begegnung mit dem eigenen Schatten, der ehrlichen Selbst- und Gottesbegegnung. *»Aber dort, in der Tiefe deiner Seele, wo Gott mit dir spricht, ist nicht dein Aufenthaltsort für dein restliches Leben. Nicht deine Fluchthöhle. Wenn du dem inneren Wort lange genug und genau zuhörst, wirst du hören, wie es sagt: Komm heraus! ... Gott gibt dir mit seinem stillen, sanften Wort eine Lebenskraft, die größer ist als deine eigene.«*[132]

Wer durch die inneren Seelenräume geht, wer all den Gegenkräften, die einen davon abhalten wollen, widersteht, der erlebt sein Innerstes als Zufluchtsort, als Sehnsuchtsort, als ein spirituelles Gasthaus, in das er immer wieder gerne einkehrt, um den Alltag und den Lebenskampf gut und authentisch bestehen zu können. Der spanische Philosoph **Ortega y Gasset** ging davon aus, dass in der Tiefe eines jeden Menschen sich ein Entwurf findet, der ihn in seinem Wesen zeigt. Es geht nach der Erkenntnis um das Hinausgehen, um das Konkretisieren dieses eigentlichen Wesens seiner selbst, Schritt für Schritt. Es geht darum, immer präziser der zu werden, der ich in meiner Tiefe selbst bin.[133]

Stille führt in die Innenwelterfahrung, in die Mystik

Wer nicht will, dass Religion und Glaube langweilig, nichtssagend und fruchtlos werden, wer erfahren will, wie energetisierend, kraft- und sinnschenkend ehrlich gelebte Spiritualität sein kann, wer der Sehnsucht seines Herzens traut und das Suchen und Finden nicht aufgibt, der wird im Laufe seiner Lebenswanderschaft erfahren, dass der Weg in die Stille in ein weites Land führt, das einen im grauen Einerlei des Alltages Regenbogenfarben schenkt, klare und reine Luft zum Aufatmen zufächelt und überreich Nahrung bereit hält, die einen wirklich nährt. Wenn Glaube, Religion und Spiritualität so erfahren werden, dann bewegen wir uns in den Bereich der Mystik, einer gelebten Verbindung von Gott und Mensch, die Freiheit und Friede schenkt.

In diesem Wissen dichtete der Mystiker **Angelus Silesius** (Johann Scheffler) (1624–1677) folgende Zeilen[134]:

> *In jedem ruht ein Bild dess',*
> *was er werden soll,*
> *solang er das nicht ist,*
> *ist nicht sein Friede voll.*

Wer immer wieder in die Stille geht, wer sich seinem eigenen Schatten stellt und eine Aussöhnung mit der verborgenen Seite in sich selbst anstrebt[135], wer ins eigene Herz hineinhorchen lernt, wer dem beredten Schweigen Gottes in dieser Welt lauschen lernt, der wird nach **Jörg Zink** zum Mystiker, *»weil der Mystiker eben ein freier Mensch ist. Der Mystiker ist überhaupt der exemplarisch freie Mensch. Und er bleibt es im Lauf seines Lebens, weil er die Erfahrung macht, dass er in dem Augenblick, in dem er den Willen Gottes erkennt, fähig wird, diesem Willen zu entsprechen.«*[136] Und so ein Mensch findet Schritt für Schritt den Weg zu sich selbst, zur Selbstbefreiung, Selbstsicherheit, Selbstentfaltung, innerer Ruhe und Zufriedenheit.

Mystisch Glaubende, also Menschen, die Erfahrungen mit Gott haben, sind von Religionsverwaltern, Religionshütern, Dogmatikern und Buchstabenschriftgelehrten nicht gern gesehene Zeitgenossen, weil sie Freie sind. Die Theologin **Dorothee Sölle** bemerkte einmal: »*Manchmal denke ich, das Christentum hat versäumt, uns zu erwachsenen Freundinnen und Freunden Jesu zu erziehen. Es hat uns in einen Kinderglauben gewickelt, der krampfhaft festgehalten kindisch wird und dann wegfallen kann. Wir haben oft genug gehört, dass Gott uns liebhat, uns schützt, uns wärmt. Gott hat keine anderen Hände als unsere, wie konnten wir das je vergessen! Auch wir können Gott lieben, Gott schützen, Gott wärmen, dem es vielleicht auch manchmal kalt wird, wenn er diese Welt ansieht. Gott über alle Dinge lieben, das ist, was Mystik für uns alle sein kann.*«[137]

Die Sehnsucht nach persönlicher Erfahrung gerade in spirituellen Fragen[138], die Sehnsucht nach Ruhe und Stille, die Sehnsucht nach einem Einswerden mit sich selbst, anderen, der uns umgebenden Natur, Welt und dem allumfassenden Gott, die Sehnsucht nach Bleibendem nach dem Tod und die Ursehnsucht des Menschen nach innerer und äußerer Freiheit können Menschen zu Mystikern werden lassen. In Auseinandersetzung mit den vier Grundfragen des Menschen, nämlich der Frage nach dem Tod, nach der Freiheit, nach der Einheit und nach dem Sinn, finden Menschen zu allen Zeiten, in allen Religionen und philosophisch-geistig-geistlichen Traditionen wirklich befriedigende Antworten. Dabei will der heutige spirituell Suchende keine vorgefertigten Antworten mehr. Mit der wegweisenden Aussage des bis heute wichtigen Theologen **Karl Rahner**, nämlich dass der Christ der Zukunft ein Mystiker (also einer, der etwas persönlich erfahren hat) sein wird, wenn er noch Christ sein will, sind für mich persönlich Worte wie diese des von mir sehr geschätzten christlichen Mystikers **Jörg Zink** sehr wertvoll[139]: *Wir sind an einer religiösen Zeitenwende angelangt. Die bisherigen Weltbilder, auch die religiösen, werden nicht überdauern. ... Wollen wir künftig sagen, was wir glauben, so werden wir über alles, was wir gelernt haben, hinaus auf unsere eigenen Erfahrungen hören müssen. Wir werden nicht Autoritäten oder Lehrämter fragen, was denn wahr sei, sondern werden unmittelbar und selbständig leben müssen, auch in den religiösen Dingen. Dabei führt der Weg zur Erfahrung und zur Mystik bei Jörg Zink nicht ins Unnennbare, ins Nirwana, im Gegenteil, sein Weg zur Mystik führt auf denjenigen zurück, der dem Christentum seinen Namen gegeben hat. Denn Jesus hat unmittelbar zu Gott gelebt.*

Phil Bosmans, ein weiterer von mir geschätzter Theologe und geistig-geistlich erfolgreicher Autor, der obendrein ein gefragter Seelsorger war, sagte einmal: »*Ich glaube an Gott, so wie ein Blinder an die Sonne glaubt, nicht weil er sie sieht, sondern weil er sie fühlt.*«[140] Gott muss erleb- und spürbar sein, Glaube und Spiritualität müssen dem Menschen letztlich existentiell bedeutsam sein, denn sonst werden sie unbedeutend und über kurz oder lang als unnützer Ballast über Bord geworfen.

»*Ich glaube nichts und mir fehlt auch nichts*«, ist zum Motto vieler Zeitgenossen geworden. A-religiosität und A-theismus werden allmählich zum Normalfall. Diese Entwicklung hat meiner Meinung nach auch mit der zunehmenden Vertreibung der Stille aus unserem Leben zu tun. Warum? Die geistige Dimension des Menschseins wird dabei außer Acht gelassen und somit wird der Mensch nur auf sein Psycho-Physikum (Seele und Körper) reduziert. Tiefere geistig-geistliche Kraftquellen, Energiespeicher und Wirklichkeiten hinter der Oberfläche alltäglichen Lebens können aber nur erschlossen werden, wenn Oasen der Stille gesucht werden und wir uns darin aufhalten. Neben vielen anderen Sinn- und Gottsuchern im Buddhismus (Dalai Lama und Thich Nhat Hanh) und Esoterikern (Eckhard Tolle u. v. a.) zeigen namhafte christliche Sinn- und Gottsucher gangbare Wege in die Stille und in die persönliche Gotteserfahrung. Allen voran[141] sind meiner Ansicht nach hier **Anselm Grün** (deutscher Benediktiner mit zahlreichen Veröffentlichungen und praktischen Kursangeboten zur Vertiefung einer christlichen Spiritualität, gepaart mit Lebenshilfe), **Richard Rohr** (amerikanischer Franziskaner mit praktisch-spirituellen Kursangeboten und Veröffentlichungen zur Männerbefreiung, Verlebendigung des Glaubens mit zunehmender mystischer Entwicklung), **Jörg Zink** (deutscher evangelischer Theologe, Schriftsteller mit existentieller Bibelforschung und Verlebendigung des Glaubens mit mystischen Entwicklungen zum Ende seines Lebens), **Peter Dyckhoff** (deutscher katholischer Priester, fruchtbarer geistlicher Autor und Wiederentdecker und Promotor des Ruhegebetes nach Johannes Cassian), **Franz Jalics** (deutsch-ungarischer Jesuit mit fruchtbarem Kursangebot und geistlichem Schrifttum v.a. zum Bereich »Kontemplative Exerzitien«) und **Uwe Böschemeyer** (deutscher evangelischer Theologe, Schüler Viktor E. Frankls, Psychotherapeut und fruchtbarer Autor im Bereich von Lebenshilfe und Spiritualität mit Ausbildungsangebot im Bereich »Wertimagination«) zu nennen, die uns hilfreiche und gangbare Wege in die inneren Räume zeigen.

Inspiriert und animiert durch diese modernen Gottsucher wollen wir uns im nächsten Kapitel in diesen inneren Räumen umschauen und einquartieren, weil sie es sind, die unserer Sehnsucht nach tieferer Seelenheimat befriedigende Antworten geben.

DEN INNEREN RAUM ENTDECKEN UND DARIN LEBEN

Wir sind völlig überfüllt ...

Wir sind völlig überfüllt mit allem Möglichen.
Wir haben den Kopf voller Pläne und alle Hände
voll zu tun.
Wir haben die Nase voll und den Hals voll,
wir haben den Bauch voll und den Kanal voll.
Unsere Häuser sind voll, die Straßen sind voll,
die Parkplätze und die Kaufhäuser.
Die Regale sind voll, die Taschen sind voll und
die Schränke.
Unsere Kalender sind voller Termine und unsere Herzen
voller Sehnsucht.
Wir haben Angst vor Lücken und Leerräumen.
Wir bauen alles zu, stellen alles voll, sind völlig überfüllt.
Wir sind total besetzt, und wenn Gott mit uns etwas
Neues
anfangen, uns leiten, anrühren und seine Pläne
zeigen will,
haben wir da noch Freiraum und innere Offenheit?

Axel Kühner[142]

Eigentlich weiß es jede und jeder, dass wir mit allem Möglichen übervoll besetzt sind, aber nur wenige setzen diese Erkenntnis in Veränderung ihres Lebens um. Es gibt Bibliotheken voll mit Büchern über einfaches Leben, Weniger ist mehr, Entspannungs- und Befreiungsübungen, Wege der Stille, Meditation, des Ganz-anders-leben-Wollens ... Und doch gibt es nur wenige, die Wege nach innen wirklich suchen, gehen, durchhalten und dabei Glück, Sinn, Zufriedenheit, Trost und Frieden finden. Der Mensch scheint sein Glück primär im Außen zu suchen. Was macht er dann, wenn er nicht mehr weiterkommt? Dann wandert er aus. Seit Jahrtausenden war und ist das eine Methode, woanders sein Glück zu versuchen, wenn es hier nicht mehr weitergeht.

Go not anywhere, go deep!

Um an neue Schätze zu kommen, machten sich viele Nationen übers Meer auf, um Neuland zu entdecken. »*Go east, go to India or Indonesia!*«, um Manufakturen des Gewürzhandels aufzubauen und dabei fremdes Land und Leute auszubeuten. »*Go north!*«, um Hansestädte aufzubauen und über Handelsstraßen neue Länder, Menschen und Kulturen kennenzulernen und wieder Handel zu treiben. »*Go south!*«, um afrikanische Länder zu missionieren und sie gleichzeitig um ihre Bodenschätze zu erleichtern. Und natürlich: »*Go west!*«, so hieß die Devise der Land- und Goldsucher. Dabei rodeten sie Wälder, rotteten Tiere und Ureinwohner aus und kamen dabei doch wieder an eine Grenze, die Grenze eines weiteren Ozeans. Als diese Wege alle ausgereizt waren, hieß es dann irgendwann einmal »*Go up!*«, flieg ins Weltall, weil man im Wettlauf mit anderen auch hier wieder der Erste sein wollte. Irgendwie scheint es im Menschen angelegt zu sein, wie ein Nomade und im Wettstreit sein Glück mal hier, mal dort zu suchen, aus sich selbst auszuwandern, unruhig und unstet umherzuziehen und dabei meist Schneisen der Verwüstung zu hinterlassen.

Nur wenige finden einen ganz anderen Weg, gleichsam das »*Go deep!*«, den Weg nach innen, in die Tiefe. Manche, weil sie durch Zwangsmaßnahmen wie Einzelhaft (Nelson Mandela) oder KZ (Viktor Emil Frankl) dazu gezwungen wurden, andere aus Neugierde, wie die Esoterik- und

New-Age-Bewegung Kaliforniens in den 1970-er Jahren, und wieder andere aus religiös-spirituellen Beweggründen, wovon wir zahllose Beispiele in allen Religionen und Spiritualitätsformen finden können. Letztere interessieren uns im Folgenden besonders.

Wer immer nur im Außen lebt, wer immer nur nach Applaus, Erfolg, Bestätigung schielt, wer im Sammeln und weniger im Sich-sammeln sein Heil sucht, läuft Gefahr, sich zu verausgaben, sich zu erschöpfen, auszubrennen. Das Gespenst des »Burn-out« unserer modernen Zeit zeigt mehr als deutlich, dass die bisher eingeschlagenen Wege wohl nicht die richtigen waren, um zum guten Leben zu finden.

Schritte zu einem guten Leben

Was ist aber das gute Leben? Diese Frage bewegt die Philosophie seit Jahrtausenden und seit einiger Zeit auch die Psychologie. **Heiko Ernst**, der frühere Chefredakteur der Zeitschrift »Psychologie Heute« sieht die Grundlage des guten Lebens darin, »*den eigenen Lebensplan zu suchen und zu finden: Was ist mir angemessen, was ist ›mein Ding‹? Wie kann ich sein, was ich wirklich sein will? Gut leben heißt, seiner Berufung zu folgen, das Beste aus sich zu machen, nicht hinter dem zurückzubleiben, was einem ›in die Wiege gelegt‹ wurde, das eigene Potential an Intelligenz und Begabung auszuschöpfen. Wissen und Können zu vervollkommnen und, wenn möglich, über sich hinauszuwachsen sind anstrengende, aber lohnende Ziele: Glück ist auch eine Überwindungsprämie. In Übereinstimmung mit sich selbst zu leben heißt auch, das eigene Leben als eine Geschichte zu sehen, diese Geschichte erzählend weiterzuentwickeln und unseren Frieden mit ihr zu machen.*«[143]

Dies ist ein wichtiger und nicht selten vergessener richtiger Schritt zu einem guten Leben, das dann mein gutes Leben ist, weil es nicht durch Fremdbestimmung instrumentalisiert oder fehlgeleitet wird. Aber auch dieser Schritt kann nicht der einzige und schon gar nicht der letzte sein, wie folgende Weisheitsgeschichte zeigen will.

»Zum Meister kam ein Mann, der trotz seiner beruflichen Karriere, seines Reichtums und gesellschaftlichen Erfolges nicht glücklich war. ›Ich habe alles, was ich mir wünschen kann‹, sagte der Mann. ›Haus, Auto, genug Geld auf dem Konto, Frau und Kinder sind gesund, und doch fühle ich mich nicht wohl. Der Wohlstand ist einerseits natürlich beruhigend, aber andererseits fühle ich mich hilflos, weil ich weiß, dass nicht immer alles so bleiben muss.‹

›Du erinnerst mich an den Mann, von dem ich einmal hörte‹, antwortete der Meister. ›Dieser Mann versuchte eines Abends, ein Tor nach außen hin aufzustoßen. Doch so sehr er sich auch bemühte, das Tor öffnete sich ihm nicht. Verzweifelt versuchte er es weiter, und da er es nicht öffnen konnte, fühlte er sich eingesperrt und vermeinte, da draußen sei seine Freiheit. Schließlich war es Nacht geworden, und erschöpft sank er nieder und schlief ein. Als er am Morgen erwachte, stellte er fest, dass sich das Tor nach innen öffnen ließ.‹«[144]

Das Tor zur Vertiefung geht nach innen auf

Der psychologisch-philosophische Weg zum Glück und zum guten Leben benötigt eine entscheidende Ergänzung, da viele Türen zu Glück und Zufriedenheit nicht nach außen aufgehen. Der äußere Weg will ergänzt werden durch einen spirituell-inneren Weg der Vertiefung des eigenen Lebens und des Friedenschließens mit Ambivalenzen, Schicksalhaftem, letztlich mit Gott. Denn, wer im Laufe des Lebens, seines Lebens, nicht auf der

Strecke bleiben will, darf und muss lernen, aus tieferen Quellen zu schöpfen, wie ein Kollege in der Klinikseelsorge, Josef Epp, in seinem Buch[145] mit dem bezeichnenden Titel »Bevor ich auf der Strecke bleibe. Aus tiefen Quellen Kraft schöpfen« betont. Lebensquellen können nämlich versiegen, austrocknen oder zugeschüttet werden. Es kommt darauf an, Gefährdungen zu entlarven, Wege zu den eigenen Ressourcen zu finden, die Quellen der eigenen inneren Kraft[146] zu entdecken und sich dabei mit den inneren Räumen unserer Seele bekannt und vertraut zu machen.

Weitere Königswege nach innen: Lieben und Leiden

Die großen Türöffner nach innen sind, so betont der moderne amerikanische Mystiker **Richard Rohr**, große Liebe und großes Leiden. Sie sind die beiden universalen und vorzüglichen Pfade der Transformation, die jedem Menschen zur Verfügung stehen. *»Nur Liebe und Leid sind stark genug, um die normalen Abwehrschirme des Egos zu durchbrechen, unser duales Denken zu zertrümmern und uns für das Geheimnis zu öffnen ... Liebe und Leiden sind Teil der meisten Menschenleben. Zweifellos sind sie die vorzüglichsten spirituellen Lehrmeister – mehr und besser als es Bibel, Kirche, Pfarrer, Sakramente oder Theologen sein können. ... Liebe ist es, wonach wir uns sehnen. Sie ist es, wofür wir erschaffen sind. ... Aber Leiden scheint oftmals der Türöffner dieses Bedürfnisses, dieser Sehnsucht und dieser Identität zu sein. Liebe und Leiden sind die beiden Hauptportale, die den Raum des Geistes und den Raum des Herzens erschließen ..., sodass wir Weite, Tiefe und Gemeinschaft empfangen und empfinden. Fast ohne Ausnahme haben alle bedeutenden spirituellen Lehrer klare und starke Anweisungen zu Liebe und Leiden formuliert. Wer sich nie dorthin begibt, erfährt nie das Wesentliche.«*[147]

Lieben und Leiden sind nicht nur nach **Richard Rohr** die beiden Königswege, die den Raum des Herzens und den Raum des Geistes aufschließen und dabei helfen können, nicht in die Abwehrhaltung des »Entweder-Oder« oder »Alles-oder-nichts« zu verfallen. Menschen, die diesen Weg einschlagen, sind nämlich in der Gefahr zu verbittern und zu verhärten, sie bewerten, fordern, bleiben unversöhnlich und werden emotional behindert. Menschen, die durch die Hauptportale LIEBEN und LEIDEN gegangen sind, entdecken die Weisheit des »Sowohl-als auch« und die Farbenvielfalt zwischen Schwarz und Weiß, sie wissen, was Barmherzigkeit ist. Sie wurden zwar vom Leben weichgeklopft, sie sind daran aber nicht zerbrochen, sondern weich, sanft, mitfühlend, barmherzig und behutsam geworden.

Interessanterweise sagt der esoterisch-spirituelle Lehrer **Eckart Tolle** Ähnliches, wenn er betont: »*Wenn du nicht so gelitten hättest, würden dir als Mensch Tiefe, Demut und Mitgefühl fehlen. ... Leid knackt die Schale des Ego, und dann kommt ein Punkt, an dem es seinen Zweck erfüllt hat.*«[148]

Diese Erkenntnisse möchte ich durch ein persönliches Erlebnis untermauern, das ich während der Adventszeit 2018 machen durfte. Ich war an meinem freien Tag wieder einmal in Garmisch-Partenkirchen bei meinem Heilpraktiker, um die Schmerzen, die mich seit Monaten plagen, einzudämmen und um Heilung von meiner Krankheit zu finden. Nach dem Besuch dort fuhr ich nach Mittenwald weiter, um einfach einmal eine adventliche Innenstadt auf mich wirken zu lassen. Es war mitten am Nachmittag. Ich ging in die Kirche, um die herum ein Advents- und Weihnachtsmarkt aufgebaut war, und schlenderte durch wenig belebte Geschäfte. Auf einmal lockte mich der Klang altbekannter alpenländischer Weisen durch einen Durchgang in einen Innenhof. Dort sah ich ein kleines Hinweisschild zu einer Pilgerkapelle im ersten Stock eines Hintergebäudes. Ich ließ mich davon locken und fand eine heimelig-anmutende Kapelle vor, die durch ein Gitter von einem Vorraum getrennt war. Im Vorraum stehend, mit meinem Kopf am kalten Gitter angelehnt, schaute ich nach vorne in den Raum der Kapelle. Links und rechts viele Heilige und Engel, vorne eine religiöse Darstellung mit viel Licht. Ich hörte nach wie vor aus irgendeinem Gerät im Hintergrund Advents- und Weihnachtsmusik. Als auf einmal »Aber Heidschi bumbeidschi«[149] ertönte, war ich sofort in meiner Kindheit. Ich summte die Melodie mit und sang den Text, soweit ich ihn noch in Erinnerung hatte. Ich spürte tiefe Wärme in meinem Herzen, Sehnsucht nach Heimat, Geborgenheit und Heilung. Die Tage meiner behüteten Kindheit waren sehr präsent, Tränen liefen mir über die Wangen und ich fühlte mich, obwohl ich offensichtlich traurig und melancholisch war, von innen heraus getröstet. Ich wusste mich verbunden mit meinen guten Eltern, die schon verstorben sind, mit Freunden und Freundinnen, die zu mir standen, als es schwer wurde, und tief gehalten von meinem Glauben an den, der mein Gott ist und seit Jahrtausenden den Namen »Ich bin der ich bin da«, »Ich bin der ich bin mit dir«, »JHWH« trägt. Der Gott, der mich seit jeher begleitet, öffnete durch bestimmte Eindrücke meine Herzenstür zum Gott in meinem Inneren. Dort hat der Friede seinen Ursprung. Der Friede wohnt als winziger Same in jeder Seele und wartet darauf, zu keimen, zu wachsen und zu gedeihen.

»Der Seele Heimat geben« ist der Titel dieses Buches. Nicht im Sinne von Tun, sondern im Sinne von Finden. Heimat für die Seele zu finden kann auf einmal ganz unerwartet geschehen, wie diese persönliche Erfahrung zeigt. Und wenn so eine Erfahrung echt ist, dann bringt sie die Seele in Schwingung, in eine Schwingung, die einen langen Nachhall hat.

Liebe, Leiden, Sehnsucht, Freude, Schweigen, Langeweile, Dürre, Einsamkeit und Ambivalenz sind nur einige der Türen nach innen. Türen sind durchlässige Grenzen zwischen festen Mauern. Ohne Türen und Fenster würde man in geschlossenen Räumen verkümmern oder ersticken. Türen aber ohne feste Wände wären sinnlos und würden das Leben auf Dauer erfrieren lassen. Türen schützen den inneren Bereich, wo das Verletzliche, Schöne, Zarte und Geheimnisvolle sich verbirgt. Wir haben es alle schon erlebt, welch wunderbares Gefühl es ist, durch eine Tür in die Geborgenheit eines Hauses hineinzugehen oder auch umgekehrt durch eine Tür hinauszugehen aus der Begrenzung eines Hauses in die Weite und Offenheit des Lebens.

Innere Seelenräume – Orte der Ruhe, Heimat und des Friedens

Und genauso wunderbar ist es, durch eine Tür in einen geschützten inneren Seelenraum einzutreten, sich darin einzurichten und dabei das Licht in der Dunkelheit, ja sogar das »Gottesleuchten« (**Uwe Böschemeyer**) zu entdecken. Die spanische Mystikerin **Teresa von Avila**, die später sogar zur Kirchenlehrerin erhoben wurde, beschreibt in ihrem Grundwerk »Die Seelenburg«[150] die Seele als eine Burg, in der Christus wohnt. »*Wir sind bewohnt*«, sagt sie, und das fasziniert mich. Ich bin in meinem Innern also nicht allein! Der Weg nach innen führt nach Teresa von Avila über sieben Wohnungen und die damit verbundenen Arten des Betens zur Gottesbegegnung.[151]

In uns gibt es einen inneren Raum, in dem tiefste Selbst- und Gottesbegegnung stattfinden kann. In diesem Raum der Stille kann ich wahrhaft daheim sein. **Anselm Grün** beschreibt in wenigen, von tiefer Erfahrung durchwebten

Worten diesen besonderen Raum in uns in seinem kleinen wertvollen Buch »Der innere Raum« so: »*Ich muss in der Meditation mich innerlich von allem verabschieden, was mich sonst beschäftigt, von den Menschen, um die ich kreise, von meinen eigenen Gedanken und Plänen. Ich muss ganz still werden und dann in mich hineinhorchen und mir vorstellen: In mir ist ein Geheimnis, das mich übersteigt. Wenn ich in mich hineinhorche, stoße ich nicht nur auf meine eigene Geschichte und auf meine Probleme. Unterhalb dieser Ebene ist vielmehr ein Raum der Stille, ein Ort, in dem Gott, das Geheimnis, in mir wohnt. Und dort, wo Gott, das Geheimnis, in mir wohnt, kann ich wahrhaft daheim sein. Dort ahne ich einen tiefen Frieden in mir.*«[152]

Diese Worte hören sich einladend, ja richtiggehend sanft an. Der Weg nach innen ist aber nicht mit Samt ausgekleidet, er ist meist staubig, trocken und schmerzlich zu gehen. Das weiß jeder, der sich mit Meditation auseinandersetzt und sie nicht als ein Instrument zu innerer Wellness missbraucht. Wer wirklich nach innen gehen will, wer zu dem werden will, der er in der Tiefe seiner Seele ist[153], der geht einen dornenreichen, aber gleichzeitig beglückenden Weg, wie folgende von mir begleitete Imaginationsreise einer Frau nach innen zeigt.

Geführte Wanderung durch die Innenwelt der Seele

Am 2. Januar 2019 bat mich eine Patientin im Ingolstädter Klinikum, wo ich als Klinikpfarrer arbeite, um ein Gespräch, das sich in einem Gesprächszimmer zu einer geführten Wanderung durch die Innenwelt ihrer Seele entwickelte. Für diese Frau war es das erste Mal, dass sie so etwas gemacht hatte. Diese Methode der Begleitung von Menschen – Wertimagination – durfte ich bei dem Theologen und Logotherapeuten **Uwe Böschemeyer** erlernen. Genauer habe ich sie in meinem Buch »Sehnsucht Spiritualität« beschrieben.[154] Bei der besagten Patientin, die mir später die Erlaubnis gab, ihre »Wanderung« für dieses Buch zu verwenden, entwickelte sich über einen längeren Zeitraum das krankmachende und runterziehende Gefühl, irgendwie alles falsch zu machen und gleichzeitig dabei den Kontakt zu sich selbst verloren zu haben. Nach einem einleitenden Gespräch gingen wir in die Tiefe, wie man beim Lesen der folgenden Zeilen nachvollziehen kann.

In einem Besprechungszimmer schilderte ich Herrn Kreitmeir meine derzeitige Situation, und dass ich meine innere Führung verloren hätte. Er begann mit mir eine innere Wanderung bei geschlossenen Augen und mit der Frage, was ich denn in mir sehen würde.

Mir bot sich im vorderen Raum eine Dunkelheit und auf der gegenüberliegenden Seite ein diffuses schummriges Licht, in dem sich Schatten von Menschengestalten abzeichneten.

Weiter ging es mit der Frage, ob ich denn unter meinen Füßen, welche ich eben und fest auf den Boden stellen sollte, einen Halt bzw. einen Untergrund, eine Verwurzelung spüren könnte? Ja, der feste Untergrund gab mir Halt. Nun verfolgte ich die Verwurzelung vom Boden über die Füße, Unterschenkel, Oberschenkel bis zur Hüfte, über die Hüfte hin zur Mitte des Bauches – ja, die Verbindung war da.

Dann kam die Frage, was ich hier in der Mitte des Bauches spüren oder evtl. sehen könne? Und ich sah mit zunehmendem Erstaunen im Bereich unterhalb meines Nabels wieder eine große Dunkelheit, jedoch in der Mitte dieser Dunkelheit war ein dunkel gelber Schein, in dem sich ein dunkelorangenes oder hautfarbenes kleines Etwas befand. Der Bereich des gelben Scheines und das kleine Etwas waren überzogen von einem grauen Schleier. Herr Kreitmeir fragte mich, was

*denn dieses kleine Etwas meinem Gefühl nach sein könne,
und ich sagte, es komme mir vor wie ein kleiner Embryo, aber
ich weiß es nicht genau.*

*Herr Kreitmeir ermunterte mich, ob ich denn dieses kleine
Etwas in die Hand nehmen könne, ob ich es anfassen könne?
Ja, tatsächlich, ich konnte es in die Hände nehmen, obwohl
es grotesker Weise noch hinter dem Schleier verborgen blieb.
Herr Kreitmeir fragte mich, wie es sich denn anfühlt, kalt
oder warm, ich solle dieses Gefühl doch mal beschreiben.
Meine Empfindungen waren warm und glitschig. Seit ich
diese Dunkelheit mit dem gelben Schein und dem orange-
bzw. hautfarbenen Etwas gesehen hatte, seitdem überfiel
mich eine tiefe Traurigkeit und Verlassenheit. Ich hatte das
Bedürfnis, es an meine Schulter zu schmiegen und es an mich
zu drücken.*

*Herr Kreitmeir fragte mich, ob ich mir erklären könne, wer
oder was dieses Kleine denn sei? Und es wurde mir bewusst,
dass ich das bin, als kleiner Embryo. Es waren dann sowohl
starke Gefühle präsent, wie von Mitleid, Liebe und Zunei-
gung, als auch tiefste Traurigkeit, spürbare Einsamkeit und
Verlassenheit, aber auch eine Unbekanntheit, eine gewisse
Fremde. Ängstlichkeit war in mir, aber auch in dem kleinen
menschlichen Etwas. Abgeschottet zu sein, nicht dazuzugehören. Niemand kümmert sich um das Kleine und niemand
sieht mich. Ich habe jetzt beim Schreiben dieser Zeilen das
Gefühl, dass ich in meinem ganzen Leben nie durch diesen
Schleier gebrochen bin, ... ich kam nie richtig ins Leben.*

*Ich hielt mich selber in meiner Handschale, um von beiden
Seiten zu schützen und zu wärmen, aber etwas geöffnet, damit es atmen konnte. Herr Kreitmeir animierte mich dann
nach einer Zeit des Wiegens, das Kleine wieder zurückzule-
gen und ganz langsam wieder die Augen zu öffnen. Er sprach
gleichzeitig auch davon, dass dieses Nest, das ich dem Kleinen*

durch meine Handschale gegeben hatte, Gott selbst wie eine Henne beschützt. Ich kann das alles noch gar nicht richtig glauben ...

Begegnung mit dem inneren Kind

Der Weg nach innen kann zur seltenen und überaus wertvollen Begegnung mit dem inneren Kind führen, wie diese Schilderung deutlich zeigt. Ohne es zu wissen, haben diese Frau und ich einen Weg der inneren Heilung beschritten – zumindest einen Anfang gemacht –, weil wir beide fähig waren, nicht nur die Existenz des inneren Kindes wahrzunehmen, sondern auch seine Bedürfnisse zu spüren und ihm das zu geben, was es braucht: Liebe. Der amerikanische Psychologe **Bruce Davis** hat genau zu diesem Thema ein kleines aufbauendes Buch mit dem Titel »Das magische Kind in dir«[155] geschrieben. Es will die Gestalt des Menschen in Erinnerung bringen, der wir schon sind, ausgestattet mit allen Fähigkeiten, die wir brauchen, um unser Leben und unser Glück selbst in die Hand zu nehmen. Die Psychologin **Stefanie Stahl** hat zu diesem Thema einen Bestseller verfasst mit dem Titel »Das Kind in dir muss Heimat finden«[156]. Dort arbeitet sie gut nachvollziehbar mit dem inneren Kind und hilft dabei, das »Schattenkind«, in dem negative Glaubenssätze und die daraus resultierenden belastenden Gefühle abgespeichert sind, mit dem »Sonnenkind« bekannt zu machen. Dieses ist unser lebenszugewandter, freudiger und starker Wesenskern, der glückliche Beziehungen und ein Leben in Fülle erst möglich macht.

In uns ist also ein »Etwas«, ein Daseinsentwurf, eine innere Gestalt, ein inneres Kind angelegt, das beachtet werden will. Nur der findet aber das »Gold im Dunkeln seiner Seele«[157] und damit wirklich zu sich selbst, der nach dem Bild, das Gott sich von ihm gemacht hat, in seinem Inneren sucht, es findet, es von Makeup, Schmutz und Überlagerungen befreit, sein inneres Licht- oder Sonnenkind mit dem inneren Schattenkind versöhnt und dadurch wirklich selbst-bewusst und selb-ständig (selbst-stehend) wird. Bei **Anselm Grün** heißt dies so: *»Wir müssen zuerst in die eigene Tiefe steigen, bevor wir dort auf das Gottesbild stoßen, das im Grund unserer Seele bereitliegt. Nur der kann sein Selbst finden, der die Gottesbilder in sich zulässt. Und nur wer zu diesem inneren Kern, zu seinem wahren Selbst gefunden hat, hat ein echtes Selbstwertgefühl. Wer in Berührung ist mit seinem Selbst, der ist unabhängig von der Meinung der anderen. Er findet zu sich selbst, zu seiner eigenen Würde. Und er wird fähig, bei sich zu bleiben, es bei sich auszuhalten.«*[158]

Und genau hier ist ja der Hund begraben und stinkt vor sich hin. Die Menschen können nicht bei sich bleiben, es bei sich selbst aushalten. Sie meiden die schmerzlich-beglückende Begegnung[159] mit ihrem inneren Sein. Sie suchen anstelle der »Königswürde« in ihrem Inneren Zerstreuung und Ablenkung im Außen und wundern sich, wenn sie dabei gereizt, energielos und unglücklich werden. Der von mir so geschätzte Philosoph des Herzens, **Blaise Pascal** (1623 – 1662), formulierte dies in seinen berühmten »Pensées – Gedanken« in Kurzform so: *»Das ganze Unglück der Menschen rührt aus einem einzigen Umstand her, nämlich dass sie nicht ruhig in einem Zimmer bleiben können.«*[160] Die Langform finden Sie in der Fußnote.

Die Suche nach der Herzheimat

Dass sich seit dem 17. Jahrhundert hier nichts geändert hat, zeigt ein 2018 erschienenes Buch einer aktiven und erfolgreichen jungen Frau, **Daniela Mailänder**, die in eine tiefe innere Krise geraten war, weil sie ihre Herzheimat verloren hatte. Während dieser Krise begegnet sie einer Ordensschwester. Diese Begegnung wird im Klappentext des sehr lesenswerten Buches[161] über »Heimatsuche«, »Heimatkunde«, »Heimatorte« und »Herzpilgern« wie folgt beschrieben: »*Die Ordensschwester sah mir in die Augen: ›Du hast deine Heimat verloren!‹ Am liebsten wäre ich der guten Dame im Habit ins Gesicht gesprungen. Aber sie sprach weiter: ›Du bist nicht in dir zu Hause!‹ Damit hatte sie den Bogen überspannt. Ich hatte sie um ein Gespräch gebeten. Nicht um eine groteske Unterstellung. Doch Daniela Mailänder erkennt, dass genau das die Ursache für ihren Unfrieden ist. Und macht sich auf die Suche nach dem Zuhause tief in ihr drin, wo Gott schon auf sie wartet. Sie wendet sich ihrer Seele zu, um eine Heimat in Gott zu finden, die beständig ist und sie im Alltag stützt.*«[162]

Der Weg ist scheinbar immer wieder der gleiche: Erst, wenn du in die Krise eines Verlustes deiner Seele, deines Herzens, deiner Mitte und deines Inneren geraten bist, wenn du den Schmerz des Fehlens und die Sehnsucht nach Ganzheit spürst, erst wenn du dich wirklich auf den langen Weg der Suche machst, dich dabei auf die äußere und innere Stille einlässt, ihr in dir Raum gibst und dann aus der Stille lebst, dann wirst du überrascht und beglückt feststellen, dass die eigentliche und wirkliche Heimat in dir selbst und gleichzeitig in Gott ist.[163]

Sinnbildlich wurde mir das im schneereichen Januar 2019 bewusst, als in mehreren oberbayerischen Orten aufgrund der Schneefülle der Katastrophenfall ausgerufen wurde. Für viele Menschen war dies keine leichte Zeit. Andere aber wuchsen über sich hinaus und halfen denen in Not. Und wieder andere freuten sich wie meine Schwester in Garmisch-Partenkirchen über die außergewöhnliche Stille, die die besondere Situation mit sich brachte. Der viele Schnee verschluckte viele Geräusche der sonst so lauten Welt und lud – aufgezwungen oder freiwillig – zur Entschleunigung ein. Der »Sound of Silence«[164] schenkte ihr dabei auch ein wohliges Gefühl der Heimeligkeit, der Heimat in ihr selbst.

Wer die Stille sucht, ihr gleichsam den kleinen Finger gibt, dem nimmt sie die ganze Hand und öffnet langsam die verkrampfte Faust und das verhärtete Herz. Wir spüren, dass wir in den tieferen Schichten der Stille, in der innersten Wohnung der Seele nicht alleine sind. Dort wohnt Gott, wie **Teresa von Avila** so wunderbar in ihrer Seelenburg schreibt: »*Hätte ich damals erkannt, was ich heute weiß, dass in meiner Seele ein so großer König wohnt, ich glaube, ich hätte ihn nicht so oft allein gelassen. Ich hätte mich häufiger bei ihm aufgehalten.*«[165]

Mehr als verwundert und positiv überrascht war ich, als ich in der WirtschaftsWoche einen Artikel mit dem Titel »Lest Philosophen statt Managementratgeber« fand und mit Gewinn las. Dort heißt es bezugnehmend auf Blaise Pascal sinngemäß, dass der Mensch die »lästige Gegenwart« nicht spüren will, »*weil er in ihr ›sein Nichts fühlt, seine Verlassenheit, seine Unzulänglichkeit, seine Abhängigkeit, seine Ohnmacht, seine Leere‹, so dass er sich immer wieder an neuen Hindernissen*«[166] abkämpfen muss. Dort wird auch – man höre und staune – das Gegenmittel des großen Mathematikers und Philosophen gegen den Teufelskreis von Ablenkungsmanövern, Ersatzbefriedigungen und innerer Leere angeboten: Eine Befreiung gibt es »*durch Einsicht in die Hinfälligkeit des Menschen und durch die ›Erkenntnis Gottes‹, durch den Glauben an die ›Erlösung durch Jesus Christus‹*«[167].

Wertschätzung der Meditation in der Psychologie

Seit einiger Zeit rehabilitiert die Psychologie ihre Ansichten über Meditation, denn die Effekte von Meditationspraktiken sind aufgrund bildgebender Verfahren in der Hirnforschung zunehmend wissenschaftlich nachweisbar. Ein Paradigmenwechsel zeichnet sich hier ab, denn *»Meditation macht nicht nur den Geist frei. Die revolutionär neue Erkenntnis ist, dass sich auch Gehirnfunktionen und sogar die Gehirnanatomie durch Meditation zum Positiven beeinflussen lassen. Die innere Einkehr kann die Art und Weise, wie wir mit Stress, mit Schmerzen, mit seelischen und körperlichen Problemen, mit uns selbst und anderen umgehen, radikal verändern.«*[168]

Die heilende Kraft der Meditation[169] wird von der Psychologie mehr und mehr entdeckt, denn Meditation verändert uns selbst, unser Denken, unser Fühlen, unsere Gesundheit, unseren Umgang mit anderen und unser »Sich-zuhause-Fühlen« in der Unbehaustheit des Lebens. Meditation wirkt als Schmerzmittel, Stressbremse, Entzündungshemmer, in der Vorbeugung, als Jungbrunnen und Antidepressivum. Mitgefühl, Dankbarkeit und soziale Intelligenz werden positiv erhöht. Wichtig ist dabei zu wissen, dass Meditation in der Menschheitsgeschichte primär gar nicht zur Entspannung entwickelt wurde, wie heutige Verflachungen in der Wellness- und Lifestyleindustrie vermuten lassen könnten. Der ärztliche Direktor und Mitbetreiber der Heiligenfeld-Kliniken für psychosomatische Medizin in Bad Kissingen, **Joachim Galuska**, unterstreicht diese Erkenntnis: *»Es geht nicht nur um Stressreduktion, sondern um die Entwicklung einer spirituellen Orientierung, eines Bezugs zu etwas Größerem, eines neuen Sinnverständnisses. Im Moment wird Meditation funktionalisiert als eine Gesundheitskompetenz. Das kann man machen, es ist auch nicht falsch, aber damit beschneidet* *man das gewaltige Potential. In den alten Traditionen wurde Meditation nicht entwickelt, damit Menschen entspannter sind, sondern damit sie einen fundamental anderen Bezug zum Leben bekommen und erkennen, dass es etwas viel Größeres gibt, als das Alltagsbewusstsein uns vorgaukelt.«*[170]

Stille und Meditation als Begegnungshilfen zu sich selbst

Ob über den Weg der Spiritualität, der Philosophen oder über den Weg der Psychologie: Stille und Meditation verhelfen uns Menschen zu einer Individuation, zu einer Selbstwerdung, damit verbunden zu einer selbsttranszendierenden Erfahrung, dass ein Größerer in uns wohnt. Dies verhilft zu einer echten Beheimatung in sich selbst, in Sinn, in Gott. Der Weg zu sich selbst und darüber hinaus geht über die Stille, so sagt der Meditationsforscher **Peter Sedlmeier**. Meditation hat im weitesten Sinne den Zweck, »*Stille zu erzeugen – eine innere Stille natürlich. ... Stille kann man lernen. ... Sie kann dazu führen, dass wir mehr mit uns ins Reine kommen. In dem Zustand erkennen wir eher, wer wir sind, was wir wollen – und welche Elemente eigentlich nicht zu uns gehören. Und wir können die Dinge, die nicht so sind, wie wir sie eigentlich gerne hätten, besser akzeptieren. In der Stille nimmt man sich selbst besser und vor allem realitätsgerechter wahr, hört sich im weitesten Sinne selbst zu. Man ist dabei ja im besten Fall nicht abgelenkt und erkennt, wie man wirklich denkt und fühlt. Man betrachtet, wie Gefühle auf Gedanken folgen, welche Gedanken erst durch Gefühle ausgelöst werden ...*«[171]

Die Deutschen Franziskaner gaben im Winter 2018 ihrem bundesweiten Magazin für franziskanische Kultur und Lebensart den Haupttitel »Stille. Tiefe Sehnsucht und große Herausforderung«. Formulierungen wie folgende laden zum Nachdenken über den tieferen Sinn der Stille ein: »*Stille ist nicht nichts. Sie ist nicht nur ein Mangel, ein Fehlen. Sie ist mehr als Abwesenheit von Worten und Lärm. Stille kann Raum einer neuen Anwesenheit sein. In der Stille kann ich neu zu mir kommen und bei mir sein (und das ist oft sehr anstrengend!). In vielen Religionen ist die Stille der Raum der Anwesenheit Gottes. Dennoch ist Stille kein spiritueller Luxusartikel und gehört nicht zu den Einrichtungsgegenständen einer weltabgewandten Innerlichkeit. Wo Lärm verbraucht und kaputt macht, sind Räume nährender Stille überlebensnotwendig, schützenswerte Biotope.*«[172]

Und deshalb geben die Franziskaner in dieser Zeitschrift und in einem eigenen griffigen Flyer für die Westentasche Hilfestellung und Handreichung für das Finden von Momenten der Stille im Alltag, die ich hier gerne weitergebe[173]:
1. Suchen Sie sich einen Raum, in dem Sie sich wohlfühlen.
2. Legen Sie für sich fest, wie viel Zeit Sie sich für eine stille Zeit gönnen möchten.
3. Sorgen Sie dafür, dass andere, die Sie stören könnten, von Ihrer Auszeit wissen und sie akzeptieren. Schalten Sie Telefon, Smartphone oder andere Quellen der Störungen ab.
4. Nehmen Sie sitzend oder liegend eine Position ein, in der Sie frei atmen und es eine Weile gut aushalten können.
5. Entzünden Sie eine Kerze, wenn es für Sie hilfreich ist.
6. Rechnen Sie damit, dass es innen zunächst umso lauter wird, je leiser es außen ist.
7. Achten Sie auf Ihren Atem, um bei sich zu sein. Atmen Sie die Stille ein und alles Belastende aus. Lassen Sie alles los, was Sie beschäftigt.

8. Bewerten Sie die Gedanken und Bilder nicht, die in Ihnen aufsteigen. Schauen Sie sie liebevoll an und versuchen Sie, sie ziehen zu lassen.
9. Prüfen Sie, ob ein Wort, das Sie gedanklich mit dem Ein- und Ausatmen verbinden, Ihnen hilft, sich bei Ablenkungen neu zu konzentrieren.
10. Seien Sie geduldig mit sich selbst, denn Stille lässt sich nicht erzwingen.
11. Üben Sie regelmäßig, möglichst täglich zur selben Zeit.
12. Nehmen Sie die innere Stille mit in den Alltag, auch an laute Orte.

Die besondere Kraft stiller Menschen

Solche Hilfestellungen im Alltag können dazu beitragen, eine Ordnung der Stille gegen die uns allüberall umgebende Unordnung aufzurichten und dem Verlust von Stille entgegenzuhalten. Stille Menschen, Menschen, welche die innere Stille mit in den Alltag hineinnehmen und ihn dadurch gesund werden lassen, sind Menschen mit größerem Tiefgang und höherer Belastbarkeit. Introversion und Extraversion sind Temperament-, Persönlichkeitsmerkmale und Charaktereigenschaften von Menschen. Ich will hier nicht behaupten, dass introvertierte Menschen automatisch mit Meditation oder Stille vertraut sind, ich finde aber folgende psychologischen Erkenntnisse[174] für unser Thema interessant und inspirierend: Extravertierte, Selbstdarsteller und Narzissten werden zwar schneller wahrgenommen, ihnen gelten die spontanen Sympathien, weil sie als kompetenter, interessanter und klüger als die Leisen eingeschätzt werden. Das täuscht aber! In der Psychologie und damit auch langsam in der Gesellschaft ist eine leise Trendwende festzustellen, weil die Introvertierten, die Leisen, mit 30 bis 50

Prozent der Gesellschaft als verlässlicher, sorgfältiger, mit Substanz und Einfühlungsvermögen zunehmend als wertvoll angesehen werden.

Anne Otto nennt zehn Fähigkeiten[175] als Pluspunkte, die introvertierte Menschen zu besonderen Menschen machen. Diese Stärken der Stillen möchte ich hier gerne weitergeben, weil diese Stärken auch durch Meditation und Dem-sich-Aussetzen-in-der-Stille erworben werden können:

Vorsicht: Auf Sicherheit bedacht sein und mit Fingerspitzengefühl vorgehen. Führt zu einer taktvollen, sogar diplomatischen Kommunikation. Außerdem werden Risiken gut kalkuliert, bevor man in Aktion tritt. Wirkt auf andere zwar oft etwas »bedächtig«, schafft aber Vertrauen und eine respektvolle Atmosphäre.

Substanz: Inhaltsreiche Gespräche führen, eine Vielzahl eigener Erfahrungen, Gedanken, Informationen einbringen, Qualität und Tiefe von Ideen garantieren.

Konzentration: Sich in ein Thema vertiefen können. Energie gezielt nach innen lenken. Das Wesentliche erkennen.

Zuhören: Wer zuhört und beobachtet, bekommt nicht nur viel mit, er lernt auch viel und weiß irgendwann viel. Und er gibt anderen ein gutes Gefühl in Gesprächen.

Ruhe: Wer sie bewusst spürt, kann klar und besonnen mit anderen sprechen, beruflich und privat Gelassenheit verbreiten.

Analytisches Denken: Fehler finden, Widersprüche aufdecken, komplexe Zusammenhänge verstehen.

Unabhängigkeit: Wer nicht abhängig von der Meinung anderer ist, kann vorbehaltlos und besonnen entscheiden. Große Selbständigkeit und Unbestechlichkeit in engen Beziehungen und Freundschaften.

Beharrlichkeit: Geduld haben. Mit langem Atem bei einer Sache oder an einer Beziehung bleiben, die einem wichtig ist.

Schreiben: Viele stille Menschen können sich schriftlich sehr gut ausdrücken. Es fällt ihnen oft leichter, als zu reden. Mails, Briefe, Berichte, all das liegt Introvertierten.

Einfühlungsvermögen: Sich in die Lage des Kommunikationspartners versetzen können. Konflikte oder Kritik vermeiden oder schnell ausräumen. Kompromissbereitschaft.

Im folgenden Kapitel erkunden wir die innere Tiefe und entdecken dabei den Schatz der Mystik und der Mystikerinnen und Mystiker neu für uns und unser eigenes Suchen und Finden von tieferer Heimat.

INNERE TIEFE SPÜREN – DER WEG DER MYSTIK HEUTE

Nicht nur an dem Ort,

wo du bist, ist Gott,
er ist auch ganz besonders in deinem Herzen
und in der Tiefe deiner Seele,
er belebt und beseelt dich
mit seiner göttlichen Gegenwart,
er ist da.

Franz von Sales[176]

Neben der großen Zahl von »religiös unmusikalischen«[177] Menschen, also Menschen, für die Religion und Spiritualität in ihrem persönlichen Leben nicht vorkommen, suchen immer mehr Menschen nach einer soliden, befriedigenden, tragfähigen und bereichernden Spiritualität in ihrem Leben, die ihnen Halt, Sinn und Heimat geben kann. Viele wühlen dabei *»gerne im Setzbaukasten esoterischer Heilsbotschaften und bauen sich daraus was Eigenes zusammen.«*[178]

Diese Patchworkspiritualitäten gibt es zu Hauf, ich will sie hier gar nicht bewerten. Es gibt aber auch viele Zeitgenossen, die es nicht aufgeben, Antworten in der christlichen Spiritualität zu finden, in der sie großgeworden sind, die sie aus allen möglichen Gründen vielleicht verloren, die sie aber für ihr gesamtes Leben und Fragen als hilfreich wiederentdeckt haben. *»Die Kirchen, die man als Gottes natürliches Biotop betrachtet, gelten leider vielen als Einschlafhilfen. Besonders wenn darin das Wichtigste ist, dass alles seinen liturgisch gewohnten Gang geht. Und der führt nun wahrlich nicht jeden zu Gott hin. Und außerhalb* *erntet man mit der Frage nach Gott sowieso hochgezogene Augenbrauen.«*[179]

Immer wieder gibt es charismatische und medienwirksame Vertreter wie zurzeit den Münchner katholischen Pfarrer **Rainer M. Schießler**[180], dem in kurzer Zeit zwei Buchbestseller[181] gelangen. Nach »Himmel, Herrgott, Sakrament. Auftreten statt austreten« benennt Schießler in »Jessas, Maria und Josef« sein Credo: **»Gott zwingt nicht, er begeistert!«** Der authentische und etwas andere Pfarrer will damit die Menschen, die in Scharen die Kirchen verlassen, wieder mit ihrem Glauben in Berührung bringen. Beide Bücher und sein ganzes Tun sind ein Appell an die katholische Kirche, verkrustete Strukturen aufzubrechen, und gleichzeitig sind sie ein Appell an die Christen, mehr Lebendigkeit zu zeigen.

Ein persönliches Zeugnis

Neben den mehr in der Öffentlichkeit wirkenden gibt es auch viele gute Kirchenvertreter und -vertreterinnen der beiden großen Konfessionen in Deutschland, die eher leise, verborgen, aber genauso authentisch und stimmig Menschen mit Gott und ihrer spirituellen Sehnsucht in Kontakt bringen können. Ich erinnere mich zum Beispiel an den Besuch einer Sonntagsmesse im August 2018 in der Münchener St. Michaelskirche mitten in der belebten Fußgängerzone. Sobald ich den Kirchenraum betrat, kam mir atmosphärisch gespürt die Einladung zum Durchatmen entgegen. Ich war über die vielen Gottesdienstbesucher verschiedenen Alters erstaunt. Als ich dann während einer hl. Messe eine gute Mischung zwischen andächtiger Liturgie, dezentem Chorgesang und einer authentisch-lebendigen Predigt miterleben durfte, war ich innerlich bewegt und angerührt, denn all das kam meinem damaligen inneren Fragen, Suchen und Ringen entgegen. Zwei Jesuitenpatres, deren liturgische Helfer, Orgel und Chor konnten mehreren hundert Gottesdienstbesuchern von Nah und Fern spirituelle Nahrung ganz ohne Show geben. Den Prediger, **P. Karl Kern SJ**, der heute der Kirchenrektor von St. Michael ist[182], kannte ich persönlich aus meiner Zeit als Kaplan in Nürnberg, wo er mich als geistlicher Begleiter zwei Jahre in meinem Werdeprozess begleitete. Diese Sehnsucht nach Begleitung wuchs in dieser Messe erneut und so schrieb ich ihm noch am selben Tag eine Mail an seine offizielle Kontaktadresse.

Den Inhalt dieser Mail möchte ich hier gerne wiedergeben:

Lieber P. Karl!

Vor gut 20 Jahren warst du – ich durfte dich damals duzen – mein geistlicher Begleiter in Nürnberg. Du warst damals Kirchenrektor von St. Klara und ich Franziskaner und Kaplan in St. Ludwig.

Viel ist passiert in den vergangenen Jahren in unser beider Leben und auch an unseren Wirkungsorten …

Zurzeit mache ich eine KSA-Ausbildung (Klinikseelsorgeausbildung) am Klinikum Großhadern.
  Ich hatte das Glück, heute früh eine Messe mit dir als Prediger und P. Batlogg als Zelebranten in St. Michael mit meinen Freunden zusammen miterleben zu können.
  Ich möchte dir als Prediger danken, denn mir geht es zurzeit nach einer schweren Erkrankung gerade innerlich nicht so gut. Die ganze Messe hatte mich mehrfach angerührt, die Worte der Lesung von Elija unterm Ginsterstrauch (1 Kön

19,1-8) ließen schon Tränen laufen, dann das Evangelium und dann deine Worte ...

Von Anfang deiner Predigt an fühlte ich mich persönlich total abgeholt und manchmal sogar richtig tief angerührt – die Tränen waren meine Antwort darauf.
Deine wenigen ganz persönlichen und biografischen Sätze über deine damalige Krise ... all das und noch viel mehr ließen nicht nur mich die hl. Messe als echte »Therapiestunde« erleben – Danke, vergelt's Gott dafür!

Ist euch Brüdern, zumindest euch beiden, eigentlich bewusst, was ihr da macht?

Während eurer Messe – das bestätigten auch meine Freunde (evangelisch und katholisch) – kommt das Gefühl hoch, dass sich hier Kirche nicht selbst feiert, sondern dass sie einen Heilungsraum eröffnet, wo Gott wirklich wirken kann. Lektoren, Kantor, Orgel, Missa de Angelis ... all das hat dabei geholfen.

Fällt euch eigentlich auf, wie viele seriös Suchende in euren Gottesdiensten sind? Und, dass ihr wirklich Seelennahrung anzubieten habt? Du hättest die angerührten und nachdenklichen Gesichter von so vielen Frauen und Männern verschiedenen Alters sehen müssen. Klasse!!!

DANKE, dass es euch gibt!

Lieber Karl,

ich gebe dir bewusst diese positive Rückmeldung, denn ich habe mich bei dieser Kulisse von St. Michael auch an Vierzehnheiligen erinnert, wo ich fast 12 Jahre an vorderster Front wirkte. Da freut man sich einfach über gute Feedbacks. Die anderen gibt es sowieso ...

Wäre es vielleicht möglich, diese deine Predigt als PDF oder Doc zu bekommen? Ich würde sie gerne noch öfters in mir nachwirken lassen, damit das Erlebte in mir auch wirklich sich fest verankert.

Ich will bei dir, ausgelöst durch das heutige Erlebnis, auch anfragen, ob ich vielleicht bei dir wieder zur geistlichen Begleitung drei/viermal im Jahr kommen könnte. Ich würde mich darüber sehr freuen, denn irgendwie schließen sich für mich gerade wieder biografische Kreise. Ich wohne und arbeite als Klinikseelsorger am Klinikum Ingolstadt und so wäre es an meinem freien Tag gar kein Problem, zur Begleitung bei dir nach München zu kommen.

Was meinst du und was meint dein sicherlich voller Terminkalender?

Ich freue mich auf eine Antwort von dir,

Adieu, Christoph Kreitmeir

Noch am selben Tag, einem Sonntag (!), bekam ich eine positive Antwort und konnte mit ihm die geistliche Begleitung nach gut 20 Jahren wieder aufnehmen …

Die Predigt von **P. Karl Kern** gab es nicht als Datei zum Nachlesen, es gibt sie aber zum Nachhören als Audiodatei.[183] Mittlerweile gibt es ein Buch mit 32 Lukaspredigten in einfacher Sprache mit dem Titel »Jesus zuhören. Der Christ der Zukunft nach Lukas«[184].

**Entdecken der Jesus- oder Christusspur
im eigenen Leben**

Nach diesem sehr persönlichen Zeugnis meiner Gottsuche möchte ich betonen, dass immer häufiger mehr oder weniger bekannte Theologen und Theologinnen und spirituelle Autorinnen und Autoren den christlichen Ottonormalverbraucher dazu einladen, sich auf den ganz persönlichen Weg der Gottsuche zu machen, was ja nicht weniger als Mystik ist. Es braucht mehr als nur den Verstand, um die Jesus- oder Christusspur heute in unserem ganz alltäglichen Leben zu entdecken. Es braucht ein Berührt-Sein, so betont die durch ihre einfühlsame Begleitung von Kranken und Sterbenden, gleichzeitig aber auch durch ihre fundierten Bücher im Zwischenbereich von Medizin, Psychologie, Theologie und Spiritualität bekannte Autorin **Monika Renz** in ihrem Buch »Der Mystiker aus Nazaret. Jesus neu begegnen – Jesuanische Spiritualität«: »*Berührt von Jesus, finden Menschen dann von selbst persönliche Antworten und stimmige nächste Schritte in ihrer spirituellen Suche.*«[185]

Für mich als Menschen, Priester und Krankenhausseelsorger sehr sympathisch und gut nachvollziehbar ist ihre folgende wertvolle Grundaussage zum erwähnten Buch, die ich bewusst ungekürzt widergeben möchte: »*Dieses Buch ist entstanden aufgrund von Begegnungen mit Hunderten von stillen Mystikern und Mystikerinnen unter uns: Schwerkranke, Menschen mit einer Nahtoderfahrung, Sterbende ebenso wie Menschen mitten im Leben, die schwere Lebenserfahrungen und Traumatisierungen innerlich überstiegen und soweit als möglich verarbeitet haben. Ferner aufgrund von Menschen, die sich Reifungsprozessen stellten und wegweisende Erfahrungen über Träume, Klangreisen oder tiefenpsychologische Bibelarbeit machten. Stets handelte es sich um Menschen, die das Geheimnis großer Gottnähe ken-*

nen, daraus leben und so auf ihre Weise zu ›Exegetinnen und Exegeten der Botschaft‹ wurden. Angesichts solcher Menschen und deren Grenzerfahrungen kommt die Psychologie allein an Grenzen. Konzepte von bewusst und unbewusst, Abwehrmechanismen und therapeutischer Beziehung reichen nicht aus. Was diese Menschen brauchen, ist das Zusammenbringen von Realität und Religion, letztere nicht primär als Lehrgebäude verstanden, sondern als äußerste Selbsterfahrung, die zugleich Gotteserfahrung ist. Religionszugehörigkeit ist dabei nicht entscheidend, wohl aber die Erfahrung einer anderen inneren Wirklichkeit bei gleichzeitiger eigener Hingabe. ›Der Vater und ich sind ›fast‹ eins‹, sagte mir einmal eine junge, krebskranke und bis zum Hals gelähmte Frau nach einer Gebetserfahrung. Menschen mit einer Nahtoderfahrung oder einer sonstigen tiefen mystischen Erfahrung berichten immer wieder, wie schwer verkraftbar ihre Mystik für die Umgebung sei. Sie sind wahrlich Bürger zweier Welten und können sich ein Leben ohne periodischen Kontakt mit ihrer großen Erfahrung oder diesem anderen Seinszustand nicht mehr vorstellen. ... Es scheint heute nicht anders zu sein als zu Zeiten von Jesu Jüngern und Jüngerinnen, die den Auferstandenen gesehen hatten und Zeugnis gaben: erst die (mystische) Erfahrung bewirkt, dass man versteht.«[186]

Entwicklung der Mystik heute – von Ablehnung bis zur Notwendigkeit

»Erst die (mystische) Erfahrung bewirkt, dass man versteht« – was für ein wichtiger und richtiger Satz!

Aber nicht nur in außergewöhnlichen, besonderen oder existentiell-schweren Erfahrungen, sondern oft ganz unscheinbar im Alltag kann jeder Mensch religiös-spirituelle-mystische Gotteserfahrungen machen. Die mystisch-spirituellen Erfahrungswege verschiedener religiöser Traditionen ähneln sich zwar in der Tiefe, sie dürfen aber nicht gleichgemacht werden, wenn sie befruchtend wirken sollen. Ein Kenner mystischer Traditionen, der ehemalige Trappistenmönch **Bernardin Schellenberger**[187], benennt diese wichtigen Unterschiede: »*Die fernöstlichen Religionen tendieren stark dazu, den Menschen im großen Ganzen aufgehen zu lassen. In den mystischen Strömungen der monotheistischen Religionen, also Christentum, Judentum und Islam, steht der dialogische Charakter im Vordergrund. Die christliche Mystik ist ganz klar auf Jesus bezogen. Damit haben die Menschen ein göttliches Gegenüber, mit dem sie ein Gespräch führen ... können.*«[188]

Wer über die versöhnte Verschiedenheit hindurch zum gemeinsamen Grundwasser alles Spirituellen findet, bereitet dadurch der heute so wichtig werdenden interreligiösen Toleranz eine gute Basis. Dies kann dann zu Weite und zur Bereitschaft führen, andere Wege nicht nur gelten zu lassen, sondern sogar von ihnen zu lernen.

Der österreichisch-amerikanische Benediktiner **David Steindl-Rast**[189] betont, dass Mystiker keine besondere Art von Menschen sind, sondern dass jeder Mensch eine besondere Art von Mystiker werden kann, wenn wir unsere mystischen Momente mit allem, was sie bieten und verlangen, zulassen.

Neben vielen anderen tiefen und archetypischen Symbolen gelten vor allem der Spiegel und das Labyrinth als zwei außerordentlich gute Hilfen, um auf dem Weg der Selbsterkenntnis und der Gottesbegegnung weiterzukommen. Wer in den Spiegel blickt, sieht viel mehr als sein eigenes Spiegelbild. Er sieht sich selbst mit allem Schönem und weniger Schönem. Der Spiegel birgt die Chance, hinter die Kulissen und hinter die Fassade zu blicken. Der ehrliche Blick in den Spiegel reduziert Selbstverliebtheit und Narzissmus, er lehrt Selbsterkenntnis und Demut.

Das Labyrinth ist von seiner Anlage her ein Weg nach innen. Es lädt dazu ein, beim Gehen des Weges auf den Windungen den Weg zum eigenen Inneren zu finden. Im Innen angekommen – und das ist das Interessante am Labyrinth – verweilt man kurz, um dann bestenfalls verändert wieder nach außen in die Welt zurückzukehren. Der Weg nach innen ist der Weg nach außen.

Spiegel und Labyrinth verhelfen zu echter Selbsterkenntnis und personaler Reifung.

Eine reife Selbst- und Gottsuche war aber jahrhundertelang in der katholischen wie auch in der evangelischen Kirche bis auf wenige Ausnahmen eher nicht erwünscht. Der Christ durfte zwar seine Gotteserfahrungen machen, aber fast immer nur in von »Berufenen« vorgegebenen und gelenkten Wegen und Bahnen. Deshalb ist es auch nicht verwunderlich, dass das Wort »Mystik« in der christlichen Tradition noch vor ein paar Jahrzehnten als höchstverdächtig und gefährlich galt. Heute wird Mystik als ein Erfahrungswerkzeug gesehen, das wie eine innere Quelle sprudelt und vor dem Nicht-mehr-Vorkommen und damit dem Tod Gottes in der modernen Alltagswelt bewahren kann.

»Mystiker – Der innere Weg zu Gott« 2018 und 2019

Die Aufgabe der Kirche ist daher heute nicht das argwöhnische Zurechtstutzen und Verbieten von Gotteserfahrungen, sondern die Kirche »*hat die Aufgabe, Räume der Gotteserfahrung anzubieten, aber zugleich auch Wege aufzuzeigen, wie wir uns dem unbegreiflichen Gott nähern können.*«[190] So schreibt **Anselm Grün** in seinem Begleitwort zu einer außergewöhnlichen Serie, die das »Sonntagsblatt. Evangelische Wochenzeitung für Bayern« von Ostern 2018 bis Ostern 2019 allwöchentlich veröffentlichte. Unter der Überschrift »Mystiker – Der innere Weg zu Gott« werden 52 Mystiker und Mystikerinnen vom Mittelalter bis heute in verständlicher und neugierig machender Sprache vorgestellt. Von Jesus von Nazareth, Paulus, Bernhard von Clairvaux, Franz von Assisi über die Deutsche Mystik mit den Vertretern Meister Eckhart und Johannes Tauler, mystischen Klassikern wie Teresa von Avila, Johannes vom Kreuz und Angelus Silesius werden auch protestantische Mystiker wie Thomas Müntzer, Jakob Böhme, Gerhard Tersteegen, Sören Kierkegaard, Dietrich Bonhoeffer oder Etty Hillesum vorgestellt. Zwischendurch werden die Mystik im Judentum, im Islam, im Buddhismus, New Mystik, die Meditation im Alltag oder Naturmystik vorgestellt. Dorothee Sölle, der Gründer der ökumenischen Communität von Taizé, Frère Roger Schutz, Jörg Zink, ein Mystiker jenseits von konfessionellen Schubladen, und der amerikanische Franziskaner Richard Rohr schließen diese Reihe ab.

Wo gibt es so etwas sonst noch in unserer schnelllebigen Zeit? Eine wöchentliche Serie, die über ein ganzes Jahr Menschen ermutigen will, sich, inspiriert durch mehr oder weniger bekannte Mystiker, mit der eigenen Gottsuche zu beschäftigen und dadurch bereichert das eigene Leben zu meistern. In Anlehnung an den Jesuiten **Karl Rahner** benennt **Anselm Grün** Mystik nämlich als die Fähigkeit, *»die Erfahrungen des Alltags auf Gott hin zu öffnen, und in allem, was uns im Alltag begegnet, Gottes geheimnisvolle Gegenwart wahrzunehmen. ... Ganz gleich, wie wir Mystik definieren, es geht immer um eine Erfahrung Gottes. Sie muss nicht außergewöhnlich sein. Sie kann auch in einem kurzen Augenblick geschehen, in dem Gottes Wort mich anrührt, mir ins Herz fällt, in der Gottes Liebe mein Herz erfüllt, in dem mir die Augen aufgehen und ich für einen Augenblick in den Grund allen Seins schaue und mein Ego, das alles beurteilen möchte, vergesse. Ich bin einfach* *nur da, eins mit mir, eins mit dem Grund, eins mit Gott, der mich mit seiner Liebe einhüllt und durchdringt. Mystik ist nicht Weltflucht, sondern die Erfahrung Gottes mitten in der Welt. Sie ist die Erfahrung Gottes, der die ganze Welt mit seinem Geist durchdringt, aber zugleich auch die Erfahrung Gottes, die wir gerade dann machen, wenn wir uns innerlich von der Welt getrennt haben – wenn nicht mehr die Welt uns bestimmt, sondern Gott.«*[191]

Moderne Wege in die Stille

Immer wieder spielt der Weg in das Allein-sein-können und die Stille, wie ich sie in den vorhergehenden Kapiteln schon beschrieben habe, eine wichtige Rolle. Die Kirchen geben ihren Gläubigen schon seit vielen Jahren immer wieder gute Hilfen an die Hand, um z. B. über »Exerzitien im Alltag«[192], vor allem während besonderer Zeiten wie der Advents- und Fastenzeit, den spirituellen Weg nach innen gehen zu können. Schon 2010 boten unter dem Namen »Jahr der Stille 2010 – Gottes Lebensrhythmus entdecken« eine Reihe von mehr als 80 christlichen Kirchen, Freikirchen, Verlagen, Organisationen und Einrichtungen aus dem protestantischen und ökumenisch-überkonfessionellen Bereich Hilfen an, Stille, Spiritualität und Gottesbegegnung im Alltag zu ermöglichen und ein gesundes Gleichgewicht zwischen Arbeit und Ruhe zu finden. Dabei wurden vor allem folgende Möglichkeiten durch verschiedenste Angebote und Veröffentlichungen empfohlen[193]:

- Gott in der Stille suchen. In ihm ruhen und sich gelassen an seiner Gegenwart freuen.
- Gott im Gebet begegnen und achtsam die Bibel lesen.
- Eine Neujustierung vornehmen für eine gesunde Balance zwischen Ruhe und Aktion.
- Stille-Zeiten, Retraiten und Fastenangebote neu entdecken.

- Hilfreiche Muster erlernen und sich austauschen über Erfahrungen mit der Stille.
- Stille-Elemente einbauen in den Alltag von Familie, Beruf und christlicher Gemeinde.
- Als Leitungs- und Mitarbeiterkreise von Kirchen und Gemeinden entdecken, wie Entscheidungen aus dem Hören auf Gott getroffen werden.

Die Resonanz auf dieses »Jahr der Stille« war sehr groß und positiv und es wird von verschiedenen Seiten her darüber nachgedacht, diese Initiative in neuer Gestalt wiederzubeleben.

Mittlerweile gibt es eine Fülle von mehr oder weniger brauchbaren Anleitungen auf dem Weg nach innen. Dabei sollte aber der seriöse Sucher bzw. die seriöse Sucherin auf die Qualität und Kompetenz des Angebots achten. Nicht jedes zeitgeistig-trendige Magazin bietet auch wirklich Fundiertes. Es ist immer wieder das Gleiche: Wenn etwas als »hip« und »in« entdeckt wird, dann wird es rauf und runter breitgetreten, in Hochglanzzeitschriften häppchenweise im Wellnesslook und -jargon feilgeboten[194], ausgereizt bis zum Letzten, mit Esoterikglitzer versehen und dann wird sehnsüchtig nach einem neuen Thema gesucht, das man dann wieder nach gleichem Muster oberflächlich bearbeiten kann. Der seriöse und wirklich inneren Halt und innere Heimat gebende Weg ist ein anderer.

Jörg Zink – Wegbeschreibungen der spirituellen Innenwelt

Aus dem Angebot ernstzunehmender christlich-spiritueller Wege nach innen möchte ich wieder **Jörg Zink** in meinen besonderen Fokus nehmen, denn ihm gelang schon Ende der 90-er Jahre des 20. Jahrhunderts v.a. mit zwei Büchern eine wirklich nachvollziehbare und bereichernde Wegbeschreibung der spirituellen Innenwelt. In »*Dornen können Rosen tragen. Mystik – die Zukunft des Christentums*«[195] wiederentdeckte und reaktivierte Zink den mystischen Hintergrund des christlichen Glaubens, in dem man wieder leben, wohnen und atmen kann. In einem Interview aus dem Jahre 1997 anlässlich des Erscheinens des genannten Buches sagte er: »*Zu einer mystischen Frömmigkeit gehört, dass Erfahrungen, auch religiöse Erfahrungen, ernst genommen werden und dass man mit diesen Erfahrungen nicht einer Glaubensbehörde gegenübersteht, sondern unmittelbar Gott. Erfahrung und Unmittelbarkeit sind die eigentlichen Merkmale der mystischen Spiritualität. ... Religiös ist eine Erfahrung dann, wenn sich dabei mein Bild von Gott verändert, vertieft und erweitert, und damit zugleich mein Bild von mir selbst und mein Bild von dem Dasein, das ich in dieser Welt zu führen habe.*«[196]

Da dieses Buch »*Dornen können Rosen tragen*« zurzeit leider vergriffen und nur noch gebraucht zu kaufen ist, will ich es im Anschluss in wenigen Wegmarken beschreiben. Zwei Jahre nach »*Dornen können Rosen tragen*« legte Jörg Zink 1999 ein weiteres Buch nach, dessen Titel Programm ist: »*Die goldene Schnur. Anleitung zu einem inneren Weg*«[197]. Dieses Werk stellt eine Vertiefung des Pilgerweges zu Gott mit der Einung mit sich selbst dar.

In seinem Alterswerk zum Thema Mystik – »*Gottesgedanken. Vom inneren Weg eines Christen*«[198] – aus dem Jahr 2012 resümiert Jörg Zink seinen persönlichen Lebens- und Glaubensweg und gibt in sieben Schritten Hilfen zum eigenen Weg der Spiritualität, der christlichen Meditation, des Gebets und der Kontemplation, wobei er betont: All dem im Laufe der Jahrzehnte Erfahrenen und Erarbeiteten »*habe ich eigentlich auch nach weiteren 69 Jahren nichts hinzuzufügen. Aber was meine ich mit Mystik? Die Elemente eines mystischen Weges sind zwei. Zum einen: Quelle meiner Einsicht ist nach der Heiligen Schrift und der Verkündigung der Kirche meine eigene Erfahrung. Zum anderen: Was wahr ist, muss ich selbst finden. Was für mich gelten soll, muss sich an meinem eigenen Urteil prüfen lassen. Keine Autorität dieser Welt kann mir das abnehmen oder vorschreiben.*«[199] »Gottesgedanken« aus dem Jahr 2012 wurde durch ein weiteres Buch mit dem Titel »*Gotteswahrnehmung. Wege religiöser Erfahrung*«[200] 2009 vorbereitet. Es bietet eine systematische Darstellung menschlich-religiöser Erfahrung, Urerfahrungen menschlichen Lebens, außergewöhnlicher Grenzerfahrungen, Erfahrungen der Gottesnähe und Christusbegegnung und der praktischen Umsetzung dieser Erfahrungswelten durch spirituelle Übungen.

Nach einer genaueren Darstellung von »*Dornen können Rosen tragen*« werden »*Die goldene Schnur*«, »*Gotteswahrnehmung*« und »*Gottesgedanken*« hier in der gebotenen Kürze vorgestellt, weil alle genannten Werke von Jörg Zink einem auf vorzügliche Weise helfen, auf dem christlichen Weg aus tieferen Quellen schöpfen zu können und dabei trotz aller Ambivalenzen und Widersprüche im Leben Gottesbegegnungen und inneren Frieden zu finden und gleichzeitig gestalterisch die Welt im Kleinen zu verändern.

1997 veröffentlichte Jörg Zink das Buch **»Dornen können Rosen tragen – Mystik, die Zukunft des Christentums«**. Es geht hierbei vor allem um die Erkenntnis, dass nicht die »Lehre« des Christentums zur Verlebendigung dessen geführt hat, sondern die Notwendigkeit eines persönlichen Erlebens des Glaubens, was immer schon mit dem Begriff »Mystik« umschrieben wurde. Hinter dem Symbolpaar »Dornen« und »Rosen« und der Formulierung, dass Dornen Rosen tragen können, verbirgt sich die Erkenntnis: Unser Glaube bewährt sich in Krisenzeiten, wenn wir lernen, Gegensätze in unserem Leben und auch in unserem Gottesbild nebeneinander stehen lassen zu können. Ein komplementäres Denken, Glauben, Fühlen und Handeln führt zu einer fruchtbaren Tiefe, die sich im Alltag bewährt.

Grundsätzlich geht es für den Christen der Gegenwart und der Zukunft darum, **seinen eigenen Weg** zu suchen und zu gehen, dabei das Leben als gesamtes wachsam und frei wahrzunehmen und dabei immer wieder zwei wichtige Quellen der Erfahrung, die biblische und die eigene aufzusuchen und der Stimme des Herzens zu folgen.

Wir **leben aus unseren Erfahrungen** und sind immer wieder aufgefordert, Herausforderungen anzunehmen, achtsam unsere Sinne zu wecken und immer wieder uns nach innen zu wenden, der Zerstreuung entgegen zu wirken, sich zu konzentrieren und zu sammeln.

Die **Grundquelle christlicher Erfahrung ist Jesus selbst**, seine Rede und reiche Bilderwelt vom Reich Gottes und parallel vom inneren Reich in unserer Seele, die Einfachheit, Weite und Freiheit schenken.

Der frühere Christenverfolger und gewordene glühende Christusnachfolger Saulus/**Paulus ist eine weitere wichtige Quelle christlicher Erfahrung**. Exemplarisch lässt er, der nicht mehr den irdischen Jesus, sondern den auferstandenen Christus erfahren hatte, diesen in seiner Seele Raum nehmen und dadurch sein eigenes Ego immer kleiner werden. Der innere Mensch wird geboren und Jesus Christus wird dabei zum Wegbruder.

Auf dem Weg zum Licht zeigt sich eine wichtige und entscheidende Erfahrung christlicher Nachfolge, nämlich die sog. **»dunkle Nacht der Seele«**. Dabei werden Seelenkräfte, wie z.B. die Compassio, das Mitleiden stärker. Zeiten des Stillstands, der Depression und Gottesferne wollen und müssen durchgehalten werden, wenn sie die Frucht des geistigen Widerstands und Selbständigkeit hervorbringen sollen.

Ein **Nachdenken über Gott** führt zu vielfältigen, sich scheinbar widersprechenden und dann wieder sich gegenseitig befruchtenden Erkenntnissen, die die Ehrfurcht vor Gott nähren und gleichzeitig die Erfahrung seines Seins in allem Geschaffenen.

Ein Nachdenken über den Menschen führt zu zwei Ursprungspunkten: dem Wasser und dem Geist. **Der Mensch**, verhaftet in der Natur, **ist viel größer, als er weiß**. Es geht darum, ihn daran zu erinnern.

Alles ist miteinander verwoben, alles hat teil an Gottes schöpferischer Energie. **Die Welt ist Tanz**, Mitgefühl ist das Gebot der Stunde.

Über dem Sein des einzelnen Menschen und der gesamten Menschheit liegt ein **Licht, das in die Zukunft weist**. Diese Zukunft heißt Auferstehung, die eine Ausweitung des Bewusstseins und des Seins darstellt.

Die Kunst der mystischen Schau ist das **»Ruhen in Gott«**, die engagierte Gelassenheit und das gelassene sich Engagieren, das Sein-lassen-können hervorbringt im Vertrauen, dass in Gott alles aufgehoben ist.

Im Buch **»Die goldene Schnur – Anleitung zu einem inneren Weg«** (1999) will Jörg Zink eine solide Bedienungsanleitung auf einem inneren Erfahrungsweg geben, weil dem heutigen Menschen, dem heutigen Christen innere religiöse Erfahrungen fehlen. Dass unser Leben Sinn hat, wir einen Wert und eine Würde in uns tragen und unser Weg über diese Erde und am Ende ein Ziel hat, will nicht nur gewusst, es will gefühlt und erfahren werden. Das Wirken des Heiligen Geistes will heute gespürt und weitergegeben werden. Wer sich auf den inneren Weg macht, dessen Alltag wird sich ändern, seine Wahrnehmung wird geschärft, er wird anders denken, fühlen und im Laufe der Zeit innere und äußere Heilung durch Schmerz hindurch erfahren. Inwendigkeit, das Wahrnehmen von Orientierung und Kraft gebenden Zielbildern führen zu einer inneren Einung, die äußerlich Gelassenheit, Sinn und Frieden schenkt.

Viele Jahre später, nämlich 2009, verdichtet Jörg Zink das bisher Erarbeitete nochmals in einer weiteren Grundlegung: **»Gotteswahrnehmung – Wege religiöser Erfahrung«**.

Karge und kühle Theologie, in der man nicht wohnen und leben kann, hat ausgedient. Durch Intuition kommt der Mensch in Resonanz und in Kontakt mit anderen Menschen, seiner Mitschöpfung und auch mit Gott. Spiritualität ist das Hinausgreifen in Räume, in denen das Fremde vertrauenswürdig wird, in denen der vertrauenswürdige Gott nah- und spürbar wird. Dabei macht der Mensch Urerfahrungen, wie Erfahrungen der Einsamkeit, des Wunderbaren, des eigenen Abgrundes und des Erschreckens über Tod und Nichts. Das Berührtsein vom Heiligen und die Erfahrung von Dunkelheit und Finsternis kommen hinzu.

Weitere Erfahrungen, die uns einerseits festigen, andererseits unser Weltbild in Frage stellen, Erfahrungen eines umfassenderen Bewusstseins, ja sogar Visionen und Ekstasen kommen hinzu.

Gott kommt in unsere Nähe durch den Heiligen Geist und in der Schlüsselgestalt des in die Dunkelheit der Menschheitsgeschichte hinabsteigenden Christus und seiner Liebe, die in uns innere Wandlung auslöst. »*Der Liebende kann die Dunkelheit wagen. Niemand hat die Fülle der Empfindung oder Intuition, wie sie der Liebende hat, die ganze Breite zwischen Hoffnung und Enttäuschung, zwischen Geborgenheit und Verlassenheitsgefühlen, zwischen Helligkeit und Klarheit einerseits, der Rätselhaftigkeit und Abgründigkeit des Daseins andererseits. Liebe ist ein so kostbares Gut ...*« (S. 260).

In einem fünften und letzten Teil des Buches geht es darum, wie wir fähig werden können, aus Erfahrungen zu leben, in dem in sieben Schritten Achtsamkeit eingeübt wird. Sich einsammeln aus den vielen alltäglichen Zerstreutheiten, wirklich anwesend/präsent sein und leer werden stehen am Beginn dieses Weges. Dann folgen weitere drei Schritte der spirituellen Erfahrung: sich einem größeren Geist öffnen und damit den eigenen Geist weiten. Sich einem größeren Willen eingleichen und damit den eigenen Willen freisetzen. Und von sich selbst Abschied nehmen und sich dadurch selbst finden. Der entscheidende und während all der Schritte immer schon anwesende und wirkende siebente Schritt ist, dass uns unser Ziel findet, denn wer sich wirklich auf die Suche macht, dem kommt das Gesuchte entgegen. In der Kontemplation verbinden sich das Oben und das Unten unserer Erfahrungswelt, wir erleben, kosten Zeitstille aus und geben dann mit einer neuen urgewaltigen Kraft die gewonnene Erfahrung im konkreten Tun weiter: Mystik geht in Aktion und mündet wieder in Mystik.

90-jährig legte Jörg Zink dann 2012 eine Quintessenz seiner spirituellen Lebenserfahrungen in dem Buch **»Gottesgedanken – Vom inneren Weg eines Christen«** vor.

Dieses Buch stellt das Wesen der (christlichen) Mystik in einer Doppelgestalt dar, die sich auf einer höheren »dritten« Ebene neu findet: Einerseits ist geistlich-mystisches Leben eine Entrückung in eine andere Welt. Zugleich ist sie eine konkrete Weisung hin zu einem bestimmten Auftrag. Mystik ist Empfangen und Warten und gleichzeitig eine gestaltende sozialrevolutionäre Kraft. Die innere Verwandlung in der Seele führt zur äußeren Verwandlung der Welt.

In sieben Schritten möchte Jörg Zink Menschen helfen, auf der Grundlage der Achtsamkeit ihre Existenz und ihr Leben zu meditieren und dabei christusförmig zu werden, wie es alle christlichen Mystiker vor ihm gelehrt haben. Zwei Elemente des mystischen Weges sind dabei relevant: die **persönliche Erfahrung**, welche die Quelle der Einsicht ist. Dies wird durch die Bibel und die Verkündigung der Kirche bezeugt. Das zweite Element ist der Weg **des persönlichen Herausfindens**, was für einen gelten soll. Keine Autorität, kein anderer Mensch kann einem dies letztlich abnehmen. Aus dieser Grundhaltung geht der Suchende nach Jörg Zink durch sieben Schritte in die Tiefe, die jede Meditation und jedes wahre Gebet durchlaufen:

- Versammle dich selbst zu deiner tatsächlichen Ganzheit.
- Lerne die Kontrolle deines Verhaltens.
- Sei anwesend. Schweige und lass geschehen, was geschehen will.
- Du schaffst dem eigenen Geist Raum und Kraft, indem du ihn dem größeren, dem göttlichen Geist öffnest.
- Du gewinnst für deinen Willen Freiheit, indem du ihn Jesus Christus und seinem Willen angleichst.
- Du findest dich selbst, indem du von deinem Ich Abschied nimmst.

- Du lässt dich von Christus prägen. Du ruhst in der Kontemplation.

Nach diesem Weg nach innen, so Zink, wartet dann ein neuer Auftrag, der erfüllt werden will. Er wird sich mitteilen. Irgendwann wird er klar vor dem inneren Auge erscheinen. Der Mensch wird dann Teil von etwas, das Zink so beschreibt: »*Es geschieht eine Wandlung mit den Seelen der Menschen, der wehende Geist ist spürbar. Er will uns berühren. Es ist nur eine Frage unserer Achtsamkeit.*« (S. 158)

Kennzeichen moderner Mystik

Der evangelische Theologe **Wolfgang Vorländer** nannte in einer Dank- und Denkschrift anlässlich des Todes von Jörg Zink mehrere Kennzeichen für eine moderne Mystik[201], die ich hier gerne weitergeben möchte:
- Spirituelle Kargheit mit den Schätzen des Alltäglichen («Schwarzbrotspiritualität«[202])
- Erkenntnistheoretische Bescheidenheit
- Aufgeschlossenheit und Lernbereitschaft gegenüber den Naturwissenschaften
- Ein anderer Umgang mit religiösen Vorstellungen und biblischen oder kirchlichen Lehr-Inhalten
- Zurücknahme von Projektionen
- Verantwortung für die Welt

Das genauere Nachlesen dieser Ausführungen möchte ich hier wärmstens empfehlen genauso wie die vier Thesen[203] über neue Chancen eines mystischen Glaubens, die bei den 15 Kernfragen des Glaubens der evangelischen Akademikerschaft und hier genauer unter Punkt 7, Gott in der Mystik erfahren?, zu finden sind.

Die Thesen lauten:

- Mystik bewahrt davor, sich in einen Aktivismus des Glaubens zu verlieren.
- Mystik kann aber auch davor schützen, dass die notwendigen Klärungen im Gottesbild an der intellektuellen Oberfläche bleiben. Hierzu Meister Eckhart: *»Der Mensch soll sich nicht genügen lassen an einem gedachten Gott; denn wenn der Gedanke vergeht, so vergeht auch der Gott.«*[204]
- Mystik erinnert an die dem Menschen geschenkte Hoheit und Würde.
- Mystik ist eine Schule der Weitherzigkeit, der religiösen Toleranz.

Der große Mystiker **Meister Eckhart** sagte einmal, dass ein Lebemeister nötiger sei als tausend Lesemeister, dass gelebte Erkenntnis also viel wichtiger ist als nur angelesenes Wissen, das einen vielleicht zwar gescheiter werden lässt, das aber nicht nährt und keine Früchte hervorbringt.

Lebemeister UND Lesemeister

Im Laufe meiner persönlichen Lebensreise kam ich Gott sei Dank immer wieder mit Persönlichkeiten in Kontakt, die mir bei meinem existentiellen Fragen und Suchen halfen. Allen voran waren es meine Eltern, die mir bis ins hohe Alter auf je eigene Weise Wertvolles und Nährendes mitgaben. Immer wieder waren es »Lebemeister«, die interessanterweise fast alle auch »Lesemeister« waren oder sind. Sie inspirier(t)en mich mit ihrer gelebten Biografie, ihren umgesetzten Erkenntnissen und auch dem von ihnen Aufgeschriebenen. Ihr gelebtes Leben in Wort, Schrift und Tat hat mein Leben bereichert und mir geholfen, nicht nur in den großen Lebensfragen weiterzukommen, sondern auch selbst einige Spuren ziehen zu können. So konnte ich das Gelesene oder Erfahrene in den verschiedensten praktischen Lebens- und Arbeitsbereichen schon umsetzen: In der Arbeit mit Nichtsesshaften und Obdachlosen, in der Begleitung von Trauernden, in der vielfältigen Pfarreiarbeit, in der Kurseelsorge, in der persönlichen Beratung und Begleitung von Ratsuchenden im Grenzbereich von Spiritualität, Lebenshilfe und Psychologie, in der Erwachsenenbildung, im Predigen oder im Halten von Vorträgen. Immer wieder und nun im Hauptberuf ist es die Sorge um Kranke, Leidende, Sterbende und deren Angehörige. In allen genannten Bereichen, im letzten aber besonders, kommt es darauf an, nicht gescheit daher zu reden, sondern das Erlesene und Erbetene in der persönlichen Begegnung achtsam, authentisch und zurückhaltend zu leben ...

Wenn ich die Personen, die mich in meinem Leben wirklich positiv beeinflusst haben, hier nun aufzähle, dann fällt mir auf, dass es fast nur ältere Männer waren, die mir gleichsam auf die Schulter klopfende Weggefährten wurden, sei es, dass ich sie persönlich kennenlernen durfte, sei es, dass ich »nur« durch ihre Schriften und/oder durch ihre Spiritualität mit ihnen in Berührung kam: Jesus von Nazareth, der Christus, Franz von Sales, Franz von Assisi, Mahatma Gandhi, Dschalāl ad-Dīn ar-Rūmī, Blaise Pascal, Viktor E. Frankl, Karl Jaspers, Hugo Enomiya Lassalle (Jesuit), Anselm Grün (Benediktiner), Richard Rohr (Franziskaner), Franz Jalics (Jesuit), Peter Dyckhoff, Elisabeth Lukas, Uwe Böschemeyer und Jörg Zink.

Allen ist gemeinsam, dass sie – und das ist auch ein Merkmal der Mystik – dem Dunklen in ihrem Leben nicht ausgewichen sind, dass sie zwar nicht so enthusiastisch, wie Meister Eckhart es in einem seiner Texte[205] formuliert, das Leiden suchten, dass sie es aber aushielten und es philosophisch oder spirituell erhöhten und erkannten, dass unsere Tiefe hell ist (Uwe Böschemeyer) und wir einen inneren Bereich in unserer Seele haben, der unverletzbar (Viktor E. Frankl) und heil (Anselm Grün) ist, in dem das Gottesleuchten (Uwe Böschemeyer) aufscheinen kann. Sie alle waren oder sind authentische Lebe- und auch Lesemeister.

Allen gemeinsam und mich und Sie als Leser und Leserin positiv herausfordernd ist die Tatsache, dass gelungene Lebensentwürfe sich bewusst oder unbewusst immer an der berühmten Aussage »Werde, der du bist!« orientieren. Echte Selbsterkenntnis und Selbstwerdung geht immer nach innen und ist damit auch zeit-, kultur- und religionsübergreifend. Sie wird dadurch auch zur Gottesbegegnung. Selbstbegegnung und Gottesbegegnung gehen immer Hand in Hand. **Anselm Grün** beschreibt diesen Prozess so: »*Je mehr ich Gott begegne, desto mehr werde ich auch mit mir selbst konfrontiert. Und umgekehrt: Je mehr ich mich selbst kennen lerne, desto mehr spüre ich, dass in mir eine tiefe Gottessehnsucht ist, die gestillt werden will.*«[206]

Wolfram Kurz, Theologe und Logotherapeut aus Tübingen, nannte dies: »Der zu werden, der man in der Tiefe seiner Seele ist.«[207] Dabei durchläuft man immer folgende Stufen:
a) Nicht in einer Außenorientierung, einer Orientierung am Gesetz, das von anderen vorgegeben ist. Nicht an einem Ideal, das sogar destruktiv sein kann.[208] Nicht in der Orientierung an Meinungsführern und Autoritäten. Sondern in der Schau nach innen!
b) In der Tiefe unserer selbst entdecken wir nicht nur die Möglichkeiten unseres Lebens, sondern auch die Skizze unserer Lebensgestalt.
c) Diese Skizze hat die Form der Möglichkeit (Potentialität), die im Laufe der Lebensformung aktuell werden will und soll. Sie ist innerlich und will/soll äußerlich werden.

d) Sie hat Anteil am Sein des Menschen, sie zeigt, wie es sein sollte. *»Werde, der du bist!«* ist der Appell, das einem Menschen zugrunde liegende Lebensmodell, das ihn in seiner Eigentlichkeit zeigt, auch zu realisieren.

Dieses Buch will ermuntern, selbst den Weg nach innen, der Meditation und der Weisheit des Herzens zu gehen:
- Der Weg in die »Zelle« des inneren Raumes ist der Weg in die Weite.
- Der Weg des Fast-Augenschließens in der Meditation und Kontemplation ist der Weg des Augen-Öffnens.
- Der Sprung in den Brunnen führt zu den Quellen des Lebens und den Oasen in der Wüste so mancher Lebensstrecke.

Wer Termindruck, Arbeitsverdichtung und Selbstausbeutung entgegenwirkt, wer sich Zeit für seine Seele nimmt, wer Selbstfürsorge einübt und den Wert der Stille (neu) entdeckt, der wird nicht nur ungeahnte Seelenkräfte entdecken, die unser Leben tragen, sondern er wird in seiner Geschwindigkeit und seiner Individualität seinen oder ihren Weg zu Sinn, Glück und Erfüllung finden.

Im Vorwort stand schon folgendes Gedicht. Es soll dieses Buch nun auch abschließen und einladen zur eigenen Seelen- und Lebensreise.

> *»Ich bitte dich, lieber Fremdling,*
> *komme doch endlich einmal nach Hause,*
> *du bist stets nicht bei dir,*
> *und es ist so hübsch bei dir.*
> *Versuch es nur und komm zu dir selbst,*
> *du wirst deine Heimat finden*
> *und dann immer mit dir tragen.«*
>
> *(Sophie Mereau)*[209]

Der Fremdling möge im Laufe des Lesens dieses Buches zu einem guten Bekannten geworden sein. Er möge Wege nach Hause bei sich selbst, bei anderen und vor allem im tragenden Grund, in Gott, gefunden haben. Dann könnte das In-sich-Tragen von Heimat zu einem treuen und nährenden Begleiter werden und zu innerer Ruhe, Gelassenheit, Frieden und Sinn führen.

ANMERKUNGEN

1   https://www.bkh-augsburg.de/ueber-uns/seelsorge.html

2   Später erzählte mir P. Kern in einem persönlichen Gespräch, dass diese verkürzt widergegebene Aussage irgendwo in den Tiefen des Buches von D. Bonhoeffer »Widerstand und Ergebung. Briefe und Aufzeichnungen aus der Haft, Gütersloh 2016, 22. Auflage« zu finden sei. Dort heißt es in einem Brief Dietrich Bonhoeffers an Renate und Eberhard Bethge vom 23.1.1944: »Mag in dem, was den Tatsachen vorausgeht, noch so viel menschliches Versagen, Sichverrechnen und Schuld liegen, in den Tatsachen selbst ist Gott.« (Dietrich Bonhoeffer Werke, Bd. 8, S. 288)

3   Der evangelische Theologe **Rudolf Bultmann** hat in einem späten Werk, möglicherweise mit Bezug zu Texten Bonhoeffers, seine Sicht auf den Glauben und geschichtliche Tatsachen präzisiert. Diese späte Position gleicht sich inhaltlich der von Bonhoeffer 1944 weitgehend an: Insofern von Gott sinnvoll nur in Bezug auf die menschliche Existenz gesprochen werden kann, der Mensch in Bezug auf sein ›existentielles Betroffensein‹ aber »lediglich der Leidende, der Empfangende« ist, ist es in einer ›konkreten Situation‹ »sozusagen selbstverständlich«, dass der von Gottes Handeln Betroffene ›analogisch‹ von Gott spricht und dann eine konkrete Erfahrung auf »Gottes Willen« zurückführt, zumal in ›liturgischer Sprache‹ und ›frommer Andacht‹, in: **Vogel**, Bernd-Joachim, »Ich möchte glauben lernen.« Wagnis und Bildung: Dietrich Bonhoeffers Theologie in hermeneutischer und bildungstheoretischer Zuspitzung, Dissertation an der Philosophischen Fakultät der Gottfried Wilhelm Leibniz Universität Hannover 2018, 14.

4   Hier gefunden: **Kreichgauer**, Dominique, Verwurzelt und geborgen. Wo meine Seele Heimat findet, Leipzig 2018, 73.

5   **Nietzsche**, Friedrich, Vereinsamt, in: http://www.lesekost.de/gedicht/HHLG04.htm

6   **Ayan**, Steve, Was von der Seele übrigbleibt, in: https://www.spektrum.de/news/warum-wir-an-die-seele-glauben/1379699 vom 3.12.2015. Die Ausgabe von »Gehirn & Geist« von »Spektrum der Wissenschaft« Nr. 01/2016 befasst sich im Hauptartikel mit »Unsere Seele. Die Wahrheit über eine unsterbliche Idee«.

7   **Jung**, Matthias, Was bleibt von der Seele?, in: Psychologie Heute, 46. Jg., 2/2019, 32-36.

8 **Grün**, Anselm/**Müller**, Wunibald, Was ist die Seele? Mein Geheimnis – meine Stärke, München 2011, 2. Auflage, 147.

9 Ebd., 147-148.

10 **Schambeck**, Mirjam, Unbehauste Heimat. Von der Sehnsucht anzukommen, Band 15 der Franziskanischen Akzente, Würzburg 2017, 11-44.

11 https://de.wikipedia.org/wiki/Seele

12 https://www.alnatura.de/de-de/kochen-und-geniessen/warenkunde/s/seelen

13 https://de.chabad.org/library/article_cdo/aid/36226/jewish/About-Chabad-Lubavitch.htm

14 https://de.chabad.org/library/article_cdo/aid/1087765/jewish/Was-ist-eine-Seele.htm; Hier ist auffallend, dass das Wort »Gott« so geschrieben wird: »G-tt«. Das hat seine Gründe: https://www.juedische-allgemeine.de/religion/gott-oder-gtt/ : Im Deutschen lesen wir meistens »G'tt«, zuweilen auch »G»tt«, »G-tt«, »G!tt« oder »G+tt«. Solche »vermeidenden Schreibweisen« entspringen dem Bemühen, den Namen Gottes nicht in eine Form zu bringen, in der er beschmutzt oder zerstört werden kann (5. Buch Mose 12, 3–4; Talmud Sanhedrin 56a). Um dem dritten Gebot der Tora zu genügen, werden ausgediente religiöse Texte, in denen der Name Gottes vorkommt, nicht fortgeworfen, sondern in einer Genisa aufbewahrt.
Die Heiligkeit des Wortes »Gott« ist indessen umstritten, weil es sich dabei jüdischer Theologie zufolge nicht um einen Eigennamen, sondern um einen Gattungsnamen handelt. Nach allgemeiner rabbinischer Meinung ist daher das Wort »Gott« in jeder anderen Sprache außer dem Hebräischen als nicht heilig zu betrachten. Deshalb gilt es nicht als Gebot, die Form »G'tt« zu verwenden (die phonetisch wie »Gott« artikuliert wird, sofern man sie beim Vorlesen nicht wie »JHWH« als »Adonaj« oder »ha-Schem« wiedergibt). Siehe auch: https://de.wikipedia.org/wiki/G%E2%80%99tt

15 **Fannrich-Lautenschläger**, Isabel, Wie ein achtarmiger Oktopus. Antike Vorstellungen von Körper und Seele, in: https://www.deutschlandfunk.de/antike-vorstellungen-von-koerper-und-seele-wie-ein.1148.de.html?dram:article_id=353981

16 **Rückert**, Sabine, Was ist die Seele?, in: https://www.zeit.de/zeit-magazin/2017/53/seele-psychologie-existenz-suche/komplettansicht

17 Die folgenden Gedanken in diesem Abschnitt verdanke ich **Ayan**, Steve, Was von der Seele übrigbleibt, in: https://www.spektrum.de/news/warum-wir-an-die-seele-glauben/1379699 vom 3.12.2015.

18 **Grün**, Anselm/**Müller**, Wunibald, Was ist die Seele? Mein Geheimnis – meine Stärke, München 2011, 2. Auflage, 27.

19 Ebd., 28, 37 und 51.

20 https://www.bmi.bund.de/DE/startseite/startseite-node.html

21 https://de.wikipedia.org/wiki/Patricia_Thielemann; https://www.spirityoga.de; https://www.spirityoga.de/was-ist-spirit-yoga/patricia-thielemann; https://www.yogaeasy.de/yogalehrer/patricia-thielemann

22 https://promisglauben.de/pg-exklusiv-interview-mit-patricia-thielemann

23 **Walser**, Martin, Heimatkunde. Aufsätze und Reden, Frankfurt a. M. 1972, 40.

24 Nähe, Wärme, Echo. Was ist eigentlich Heimat? Und warum reden plötzlich alle über sie?, in: Der Spiegel Wissen. Heimat. Annäherung an ein schwieriges Gefühl, Dezember 2016, 16.

25 **Rosenkranz**, Jan/**Burkard**, Hans-Jürgen, Früher Heino, heute hip, in: stern, 31/2018 (26.7.2018), 40.

26 Vgl. **Safranski**, Rüdiger, Romantik. Eine deutsche Affäre, Frankfurt a. M. 2013, 5. Auflage; **Kreitmeir**, Christoph, Sehnsucht Spiritualität, Gütersloh 2014, 31-44; **Krejci**, Walter, ROMANTIK 2.0 – Warum wir uns wieder nach ihr sehnen sollen, in: Abenteuer Philosophie Magazin Nr. 147 (01/2017), 44-47.

27 https://www.bmi.bund.de/DE/themen/heimat-integration/staat-und-religion/staat-und-religion-node.html: Der überwiegende Teil der Menschen in Deutschland gehört einer Religionsgemeinschaft an. Das zeigt, welche Bedeutung religiöse Gemeinschaften für den Einzelnen und für die Gesellschaft insgesamt haben. Mit ihren Glaubensüberzeugungen und Wertvorstellungen geben religiöse Gemeinschaften Orientierung und Halt. Zugleich motivieren Kirchen und Religionsgemeinschaften ihre Mitglieder, sich in Wohlfahrtsverbänden, Freiwilligendiensten und Ehrenämtern für andere Menschen einzusetzen. Das Wirken der Kirchen und Religionsgemeinschaften ist von großer gesellschaftspolitischer Bedeutung. Die Bundesregierung ist daher an einer guten Zusammenarbeit mit den Kirchen und Religionsgemeinschaften in Deutschland interessiert. Für Angelegenheiten des Staatskirchenrechts und Fragen der Beziehung zu den Kirchen, Religions- und Weltanschauungsgemeinschaften ist das Bundesministerium des Innern zuständig.

28 https://www.youtube.com/watch?v=63b3Kuv3lYI

29 **Weiss**, Andi, Heimat oder die Kunst, bei sich selbst zu Hause zu sein, München 2011, 32.

30 Zu diesem ganzen Themenbereich empfehle ich das sehr lesenswerte Buch: **Klessmann**, Michael, Ambivalenz und Glaube. Warum sich in der Gegenwart Glaubensgewissheit zu Glaubensambivalenz wandeln muss, Stuttgart 2018.

31 **Schmid**, Wilhelm, Nur wer die Sehnsucht kennt, in: Publik-Forum Extra Thema: Sehnsucht, November 2016, 3.

32 Z. B.: **Baer**, Udo/**Frick-Baer**, Gabriele, Vom Sehnen und Wünschen, Bibliothek der Gefühle, Band 3, Neukirchen-Vluyn 2002; **Grün**, Anselm, Bleib deinen Träumen auf der Spur. Buch der Sehnsucht, Freiburg i. Br., 2003, 4. Auflage; **Hantel-Quitmann**, Wolfgang R., Sehnsucht – das unstillbare Gefühl, Stuttgart 2011; **Kreitmeir**, Christoph, Sehnsucht Spiritualität, Gütersloh 2014.

33 Diesen Hinweis verdanke ich **Wolfram Kurz** in folgendem Interview: **Meesmann**, Hartmut, In jedem Herzen ist Raum für mehr, in Publik-Forum Extra Thema Sehnsucht, November 2016, 24-26.

34 **Klessmann**, Michael, Ambivalenz und Glaube, 265.

35 Ebd, 265-266.

36 Näheres hierzu: https://de.wikipedia.org/wiki/Die_H%C3%BCtte

37 **Young**, William Paul, Der Weg. Wenn Gott dir eine zweite Chance gibt, Berlin 2018, 4. Auflage, 58-60.

38 https://de.wikipedia.org/wiki/Konstruktivismus_(Philosophie) und: Zu den Leitgedanken des Konstruktivismus gehört, »*dass Individuen nicht auf Reize aus einer objektiven Welt reagieren, sondern anhand von Sinneseindrücken eine* **subjektive Realität** *erzeugen, die in starkem Maße von der individuellen Prägung des Individuums abhängig ist. Im Kontext von Lerntheorien bedeutet das, dass Wissen nicht von einer Person auf eine andere Person übertragen werden kann, sondern von jedem Menschen neu konstruiert wird.*«, in: http://www.lernpsychologie.net/lerntheorien/konstruktivismus

39 **Nissing**, Hanns-Gregor (Hrsg.), Was ist Wahrheit? Zur Kontroverse um die Diktatur des Relativismus, München 2011.

40 Interessant sind in diesem Zusammenhang folgende Bücher für eine weitere Auseinandersetzung: **Lütz**, Manfred, Gott. Eine kleine Geschichte des Größten, München 2007; **Grün**, Anselm/**Müller**, Wunibald, Wer bist Du, Gott?, München 2010; **Garth**, Alexander, Zweifel hat Gründe, Glaube auch, Holzgerlingen 2014.

41 **Polednitschek**, Thomas, Wunschloses Unglück, in: Theologie der Gegenwart, 49. Jg., 2006, 104-117.

42 Ebd., 113.

43 https://www.christoph-kreitmeir.de/spirituelles/anderes/das-leben-in-einer-schachtel/

44 https://youtu.be/39svsNB3n_Y

45 **Jewtuschenko**, J. A., Herzstreik, Gedichte, Hamburg 1996.

46 **Auburtin**, Victor, Einer bläst die Hirtenflöte, Berlin 1940, Kap. 11, hier gefunden: http://gutenberg.spiegel.de/buch/einer-blast-die-hirtenflote-2812/11

47 https://www.kirche-im-swr.de/?page=manuskripte&id=4249

48 **Herbstreit**, Daniel, Glauben ja, aber nicht an Gott, in: https://www.zeit.de/community/2014-10/religion-ohne-gott-moderne-atheismus

49 **Rosa**, Hartmut, Beschleunigung und Entfremdung. Entwurf einer kritischen Theorie spätmoderner Zeitlichkeit, Frankfurt a. M., 2013.

50 Die Welt ist mir zu viel, in: ZEITmagazin, Nr. 1/2015 (8. Januar 2015), http://www.zeit.de/zeit-magazin/2015/01/entschleunigung-biedermeier-handarbeit-stressabbau

51 **Herr K.**, Auf der Jagd nach Entschleunigung, in: http://www.handelsblatt.com/unternehmen/beruf-und-buero/herrk/der-moderne-mann-auf-der-jagd-nach-entschleunigung/12166936.html

52 Z. B.: **Flow** – Das Magazin für Achtsamkeit, Positive Psychologie und Selbstgemachtes; **My Harmony** – Das Magazin für gute Ideen und schöne Gedanken; **Emotion Slow** – Runterkommen-Genießen-Einfach leben; **Landlust** – Die schönen Seiten des Landlebens; **Happinez** – Das Mindstyle Magazin; **ma vie** – Die Kunst, sich Zeit zu nehmen und **Zeit für mich**.

53 Ungesunde und leider sehr zahlreich vorhandene Auswüchse dieses neuen Trends zielen auf eine Weltflucht ab, die nicht nur unverantwortlich, sondern auch gefährlich werden kann: »*Wer solche Artikel liest, kann plötzlich genug kriegen von all den Anleitungen zur Weltflucht. Die Sehnsucht nach Meditation in allen Ehren – es ist zynisch, den Opfern von Gewalt vorzuhalten, sie mögen doch aufhören, uns mit ihrem Sterben zu belästigen. Ist es nicht wie bei Kindern, die die Augen zudrücken und hoffen, die Schrecken mögen verschwinden? Wer auf dem Globus jenseits der Landesgrenzen von Lummerland/Deutschland kann sich eine solche Realitätsverweigerung erlauben? Und was nützt jenen Menschen, deren Länder gerade implodieren, sich auflösen oder von der Landkarte getilgt werden, eine Zwei in Erdkunde? Es wird nicht funktionieren. Das Bedrohliche wird seinen Weg auch in das Leben der Abgeschotteten finden: Die Verzweifelten kommen mit Booten übers Meer auch an der Nordseeküste. Und wer sich weigert hinzusehen, könnte dereinst selbst zu denen*

gehören, die in Lumpen auf der Flucht sind.« (Die Welt ist mir zu viel, in: ZEITmagazin, Nr. 1/2015 (8. Januar 2015), http://www.zeit.de/zeit-magazin/2015/01/entschleunigung-biedermeier-handarbeit-stressabbau

54 **Kreitmeir**, Christoph, Zeit für mich – Zeit für Gott. Seelennahrung für Advent und Weihnachten, Gütersloh 2017, 2. Auflage.

55 **Mischel**, Walter, Der Marshmallow Test. Willensstärke, Belohnungsaufschub und die Entwicklung der Persönlichkeit, München 2016.

56 https://www.youtube.com/watch?v=QX_oy9614HQ

57 **Wolf**, Axel, Warten lohnt sich!, in: Psychologie Heute, 08/2017, Weinheim, 25-27.

58 **Schweitzer**, Ragnhild/**Schweitzer**, Jan, Fragen Sie weder Arzt noch Apotheker. Warum Abwarten oft die beste Medizin ist, Köln 2017 und **Esch**, Tobias, Der Selbstheilungscode: Die Neurobiologie von Gesundheit und Zufriedenheit, Weinheim 2018.

59 **Geißler**, Karlheinz A., Zeit – verweile doch ... Lebensformen gegen die Hast, Freiburg/Basel/Wien 2000, 168.

60 Rabbi Isaaks Geduld, aus: **Bünker**, Öser D., Die Güte des Meisters wiegt mehr als ein Berg. Weisheitsgeschichten, Freiburg/Basel/Wien 1998.

61 https://de.wikipedia.org/wiki/Carlo_Petrini

62 Siehe: www.bewusster-leben.de/slow-entschleunigung-fuer-dein-leben vom 18. August 2017.

63 *»Bekanntlich eignen sich Meditation und Yoga ganz gut dafür, den Griff des dauernden Wollenmüssens ein wenig zu lösen, den Selbstverwirklichungszwang der neoliberalen Lebenswelt. Aus kontemplativer Sicht sind solche Entspannungstechniken aber nur Handwerkszeug, das man anwendet, um eine bestimmte Haltung zum Leben zu kultivieren oder zumindest anzustreben. Es ist eine Haltung, die, vereinfacht gesagt, eine größtmögliche Liebe zu sich selbst, zum Leben und zu allen Lebewesen versucht, allem Unguten und Schrecklichen zum Trotz. Man kann diese Haltung religiös nennen, muss es aber nicht.«*, in: **Herbstreit**, Daniel, Glauben ja, aber nicht an Gott, in: https://www.zeit.de/community/2014-10/religion-ohne-gott-moderne-atheismus

64 **Böll**, Heinrich, aus: Erzählungen, hg. von Jochen Schubert. © 2006, Verlag Kiepenheuer & Witsch GmbH & Co. KG, Köln.

65 **Ayan**, Steve, Flieg, Gedanke, flieg, in: Spektrum der Wissenschaft – Gehirn & Geist (Psychologie. Hirnforschung. Medizin), Tagträumen. Im Ruhemodus bringt das Gehirn kreative Ideen hervor, Heidelberg, 04/2016, 15.

66   www.bewusster-leben.de/slow-entschleunigung-fuer-dein-leben

67   **Ernst**, Heiko, Innenwelten. Warum Tagträume uns kreativer, mutiger und gelassener machen, Stuttgart 2011, 9. Weitergehende Ausführungen zum Thema »Tagträume«: **Kreitmeir**, Christoph, Sehnsucht Spiritualität, Gütersloh 2014, 157-164.

68   https://www.slowfood.de/wirueberuns/unsere_philosophie

69   Näheres hierzu: **Kreitmeir**, Christoph, Glaube an die Kraft der Gedanken. Franziskanische Impulse zu einem neuen Lebensstil, Gütersloh 2018, 5. Auflage, 152-185.

70   https://www.youtube.com/watch?v=9GCwpBZHk68 und https://www.wecker.de/de/musik/album/50-Am-Flussufer/item/263-Schlendern.html

71   **Rilke**, Rainer Maria, zwischen dem 2. und 5.2.1922, Chateau de Muzot, in: http://rainer-maria-rilke.de/12a022dasxxiisonett.html

72   **Börne**, Ludwig, in: **Harles**, Michael, Nimm dir Zeit, genieß das Leben! Von der Kunst, gelassen und glücklich zu sein, Münster 2008, 176-177.

73   Folgende Beiträge waren hier inspirierend: **Jimenez**, Fanny, Was Alleinsein von Einsamkeit unterscheidet (2013), in: https://www.welt.de/gesundheit/psychologie/article122448909/Was-Alleinsein-von-Einsamkeit-unterscheidet.html und **Hollersen**, Wiebke, Warum wir lernen müssen, gern allein zu sein (2015), in: https://www.welt.de/gesundheit/psychologie/article142649147/Warum-wir-lernen-muessen-gern-allein-zu-sein.html

74   **Nuber**, Ursula, Wie man sich selbst und anderen Gesellschaft leistet. Strategien zur Überwindung der Einsamkeit, in: Psychologie Heute, 24. Jg., 11/1997, 29.

75   in:https://www.brigitte.de/woman/leben-lieben/psychologie/singles--allein-sein-veraendert-menschen-10132486.html

76   **Winnicott**, D. W. (1957/2001), The child and the outside world, Oxon: Routledge; sehr interessant und auf Deutsch ist diese Sammlung von wegweisenden Aufsätzen Winnicotts: **Winnicott**, D. W., Der Anfang ist unsere Heimat, Stuttgart 2009, 2. Auflage. Hierzu ist folgende Rezension sehr lesenswert: https://www.socialnet.de/rezensionen/8270.php

77   Eine gute Zusammenfassung von Winnicotts Erkenntnissen ist hier zu finden: **Tudor-Sandahl**, Patricia, Verabredung mit mir selbst. Von der Kraft, die im Alleinsein liegt, Freiburg i. Br., 2010, 23-31.

78   **Weber**, Doris, Heute bleibe ich bei mir. Über die Fähigkeit, allein zu

sein, in: NDRInfo, Forum am Sonntag, Sonntag, 22.April 2018, 4. Der Online-Link zur Sendung ist leider nicht mehr verfügbar.

79 Ebd.

80 **Ernst**, Heiko, Ganz bei sich sein. Warum wir so dringend Alleinzeit brauchen, in: Psychologie Heute, 30. Jg., 9/2003, 23.

81 **Weber**, Doris, Heute bleibe ich bei mir …, ältere Version von 2011 in SWR2 Leben, 6, auch online: https://www.swr.de/-/id=8619132/property=download/nid=660174/1yhr2pd/swr2-leben-20111028.pdf

82 Ebd., 3. **Rolf Haubl** erzählt von dem inneren guten Objekt, das seine Großmutter für ihn darstellt: »*Ich bin ein Großmutterkind, meine Großmutter ist für mich eine der zentralen Personen gewesen. Und es gibt bis heute, obwohl sie lange, lange, lange tot ist, Momente, wo ich, wenn ich in dieser Weise trostbedürftig bin, mich an Situationen erinnere, die für mich prägend geworden sind, die mit meiner Großmutter verbunden sind. Das ist nicht etwas, was ich in dem Sinne bewusst aufrufe, sondern in solchen Situationen fallen mir überraschenderweise solche Situationen ein. Und wo das der Fall ist, da sagen wir, wir treten in Kontakt mit unseren guten inneren Objekten.*«

83 **Schultz**, Hans-Jürgen (Hrsg.), Einsamkeit, Stuttgart 1985, 17.

84 **Homfeldt**, Rita, Rendesvous mit mir. Die Momente des Alleinseins, in: Bayern 2, Evangelische Perspektiven, 2. Dezember 2018, 8, auch online: https://www.br.de/radio/bayern2/service/manuskripte/evangelische-perspektive/manuskriptevangelischeperspektiven-316.html#link

85 **Weber**, Doris, Heute bleibe ich bei mir. Über die Fähigkeit, allein zu sein, in: NDRInfo, Forum am Sonntag, Sonntag, 22. April 2018, 4. Der Online-Link zur Sendung ist leider nicht mehr verfügbar.

86 **Kreppold**, Guido, Kranke Bäume. Kranke Seelen. Franziskus von Assisi eine Antwort?, Münsterschwarzacher Kleinschrift Nr. 35, Münsterschwarzach 1998.

87 Langfassung: http://www.funparadies.de/Funwords/loriot.html; Video auf Youtube: https://www.youtube.com/watch?v=Iuobpte4ndQ

88 Mehrere Artikel der Zeitschrift Psychologie Heute, 42. Jg., 5/2015, befassen sich mit dem Nichtstun als einer unverzichtbaren Strategie für Vielbeschäftigte.

89 **Hecht**, Martin, Zum Glück allein. Warum Sie bei sich selbst gut aufgehoben sind, in: Psychologie Heute, 42. Jg., 12/2015, 22.

90 **Zita**, Katrin, Die Kunst, allein zu reisen und bei sich selbst anzukommen, Berlin 2014, Klappentext.

91 **Tolle**, Eckhart, Jetzt! Die Kraft der Gegenwart. Ein Leitfaden zum spirituellen Erwachen, Bielefeld 2008, 18. Auflage. Dieses Buch ist ein spiritueller Bestseller und Longseller und wurde in 34 Sprachen übersetzt.

92 **Rohr**, Richard, Pure Präsenz. Sehen lernen wie die Mystiker, München 2016, 7. Auflage.

93 **Gielas**, Anna, Alleinsein kann wunderbar sein (2018), in: https://www.psychologie-heute.de/leben/38910-alleinsein-kann-wunderbar-sein/volltext.html

94 **Rolf Haubl** sieht Allein-sein-können, Geduld, Warten können und Gelassenheit auch als Geschwister, in: **Haubl**, Rolf, Lebenskunst: Die Fähigkeit, mit sich allein zu sein, in: Psychologie Heute, 36. Jg., 3/2009, 20-23.

95 **Schmid**, Wilhelm, Selbstfreundschaft. Wie das Leben leichter wird, Berlin 2018 und ders., Mit sich selbst befreundet sein. Von der Lebenskunst im Umgang mit sich selbst, Frankfurt 2007, 9. Auflage.

96 In meinem Buch »Sehnsucht Spiritualität« bin ich diesen Wegen in das Innere unserer Seele zielstrebig und immer tiefer kommend auf den Seiten 128-205 nachgegangen.

97 Vgl. https://www.liebe-und-selbstfindung.de/die-innere-stimme-hoeren und http://www.passionflow.de/auf-deine-innere-stimme-hoeren und **Kreitmeir**, Christoph, Sehnsucht Spiritualität, Gütersloh 2014, 122-127.

98 https://de.wikipedia.org/wiki/Flow_(Psychologie)

99 Ich habe mir die Mühe gemacht, diesen Ansatz von Böschemeyer durch eine Analyse seiner entsprechenden Bücher zusammenzufassen: **Kreitmeir**, Christoph, Sehnsucht Spiritualität, Gütersloh 2014, 179-205.

100 www.boeschemeyer.at/zitate.html und Backcover von **Böschemeyer**, Uwe, Unsere Tiefe ist hell, Wertimagination – ein Schlüssel zur inneren Welt, München 2005.

101 **Tamaro**, Susanna, Geh, wohin dein Herz dich trägt, Zürich 1998, 29. Auflage. Zitierte Stelle hier gefunden: https://weisewortwahl.de/und-wenn-sich-dann-viele-verschiedene-wege-vor-dir-auftun-werden-und-du-nicht-weisst-welchen-du-einschlagen-sollst-dann-ueberlasse-es-nicht-dem-zufall-sondern-setz-dich-und-warte-atme-tief-und

102 https://gutezitate.com/zitat/255403

103 Vgl. **Uhlmann**, Berit, Ein Krankheitserreger namens Einsamkeit, in: https://www.sueddeutsche.de/gesundheit/psychologie-allein-1.2799578

104 **Fritsch**, Marlene (Hg.), Das kleine Buch für zwischendurch – Freude, Freiburg i. Br. 2012, 11-12.

105 https://de.wikipedia.org/wiki/Tractatus_logico-philosophicus#Abschnitt_7

106 **Kreitmeir**, Christoph, Sinnvolle Seelsorge. Der existenzanalytisch-logotherapeutische Entwurf Viktor E. Frankls, sein psychologischer und philosophischer Standort und seine Bedeutung für die kirchlich-praktische Seelsorge, St. Ottilien 1999, 2. Auflage.

107 **Schleske**, Martin, Der Klang. Vom unerhörten Sinn des Lebens, München 2010, 12 Auflagen und ders., Herztöne. Lauschen auf den Klang des Lebens, Asslar 2016.

108 **Elisabeth Lukas**, eine der Hauptschülerinnen von Viktor E. Frankl, verfasste hierzu ein hilfreiches Buch: **Lukas**, Elisabeth, Geborgensein – worin? Logotherapeutische Leitlinien zur Rückgewinnung des Urvertrauens, Freiburg i. Br. 1993.

109 **Küstenmacher**, Marion, Dahinter ist alles Licht. Der weise Lebenswanderer. Zu Jörg Zinks Mystik, in: Publik-Forum Extra Jörg Zink. Die Weite des Herzens, Dezember 2012, 23-24.

110 Ebd.

111 https://www.weltethos-praktisch.de/2016_ausstellung_muenchen_klinikum_rechts_der_isar.html

112 http://www.raum-der-stille-im-brandenburger-tor.de/index.htm

113 Hier gefunden: **Tudor-Sandahl**, Patricia, Verabredung mit mir selbst. Von der Kraft, die im Alleinsein liegt, Freiburg i. Br. 2010, 22.

114 Vgl. https://de.wikipedia.org/wiki/Mysterium_tremendum und http://dcms.bistummainz.de/bm/dcms/sites/bistum/menschen/glaube_theologie/glaube/glaube_erwachsene.html?f_action=article&f_article_id=44&f_edition_id=8

115 **Pfersdorf**, Silke, Stille, in: Psychologie Heute, 46. Jg., 1/2019, mit dem Hauptthema »Stille. Wie wir in einer lauten Welt Ruhe in uns selbst finden, 21.

116 **Maitland**, Sara, Das Buch der Stille. Über die Freuden und die Macht von Stille, Berlin 2017.

117 Zitiert aus dem Buch »Stillness speaks« (Stille spricht) von **Eckhart Tolle**, hier: https://www.zentrum-fuer-psychosynthese.de/zitate_tolle.html

118 ARTE, Sakrale Bauten, Teil 1: Von betenden Menschen und prächtigen Moscheen; Teil 2: Vom Streben nach Höhe und Licht: Kirchen; Teil 3: Von Menschen, Göttern und Natur: Asiens Tempel; Teil 4: Vom

Verborgenen zum Sichtbaren: Tempel und Synagogen, in: https://www.fernsehserien.de/sakrale-bauwerke/episodenguide/0/42143

119 **Candolini**, Gernot, Die Kathedrale. Heimat für die Seele, Freiburg i. Br. 2017, 5.

120 https://de.wikipedia.org/wiki/Japanische_Tempelarchitektur und http://www.gentleman-blog.de/2015/07/10/zen-stil-wohnen/

121 https://www.schoener-wohnen.de/einrichten/28559-rtkl-feng-shui

122 **Henzler**, Theodor, Wo sich die Seele zu Hause fühlt, in: Publik-Forum Extra, Stille – Der Klang der Ewigkeit, 6/2008, 22.

123 https://www.zeitblueten.com/news/vom-moench-und-dem-brunnen

124 O'Donohue, John, hier gefunden: **Meinhardt**, Anna Lea, 56 Stunden Schweigen – ein Versuch, in: Franziskaner – Magazin für franziskanische Kultur und Lebensart, Winter 2018 mit dem Hauptthema »Stille. Tiefe Sehnsucht und große Herausforderung«, 12.

125 **Küstenmacher**, Marion, Dahinter ist alles Licht. Der weise Lebenswanderer. Zu Jörg Zinks Mystik, in: Publik-Forum Extra Jörg Zink. Die Weite des Herzens, Dezember 2012, 24.

126 Der Franziskanerpater **Ulrich Brand** gibt im gleichnamigen Buch »Der Schritt in die Stille. Hinführung zur Musikmeditation« (1985) versierte Tipps, durch das richtige Hörenlernen die Welt der Töne neu wahrzunehmen.

127 Der kath. Religionspädagoge **Hubertus Halbfas** gab mit dem gleichnamigen Buch »Der Sprung in den Brunnen« neue und bis dahin (1981) noch nicht dagewesene Impulse zur Verlebendigung eines Religionsunterrichtes, die ihm innerkirchlich große Probleme brachten.

128 Vgl. **Stutz**, Pierre, Weite Räume des Staunens. Die Stille entlässt mich zu mir selbst, in: Publik-Forum Extra, Stille – Der Klang der Ewigkeit, 6/2008, 3.

129 **Pfersdorf**, Silke, Stille, in: Psychologie Heute, 46. Jg., 1/2019, mit dem Hauptthema »Stille. Wie wir in einer lauten Welt Ruhe in uns selbst finden, 23.

130 https://gutezitate.com/zitat/102545

131 Vgl. **Zink**, Jörg, Begegnung mit dem leisen Gott, Predigtpreis 2004 für sein Lebenswerk, in: https://www.joerg-zink.de/begegnung-mit-dem-leisen-gott/#more-185

132 ebd.

133 **Meesmann**, Hartmut, In jedem Herzen ist Raum für mehr. Ein Ge-

späch mit Wolfram Kurz, in: Publik-Forum Extra Thema Sehnsucht, November 2016, 26.

134 https://www.aphorismen.de/zitat/151766

135 Folgendes Buch des Erfolgsautors, Arztes und Heilpraktikers **Ruediger Dahlke** ist bei der Arbeit mit dem eigenen Schatten sehr hilfreich: **Dahlke**, Ruediger, Das Schattenprinzip. Die Aussöhnung mit unserer verborgenen Seite, München 2010, 10. Auflage.

136 **Morgenroth**, Matthias, Es geht um das Ganze. Ein Gespräch mit Jörg Zink zum 90. Geburtstag, in: Publik-Forum Extra Jörg Zink. Die Weite des Herzens, Dezember 2012, 13.

137 **Schneider-Stengel**, Detlef/**Ganser-Kerperin**, Heiner, Meister der Spiritualität. Ein Lese- und Arbeitsbuch, Missio (Hg.), Aachen 2009, 82.

138 Folgende Gedanken verdanke ich **Anselm Grün** in: **Grün**, Anselm, Mystik. Den inneren Raum entdecken, Freiburg i. Br. 2009.

139 **Fleischer**, Christoph, Mystik, Politik und Öffentlichkeit – Dimensionen der Arbeit von Jörg Zink, Rezension zu Matthias Morgenroth, Jörg Zink. Eine Biografie, Gütersloh 2013, in: http://www.der-schwache-glaube.de/2012/06/24/zum-blog-der-schwache-glaube/

140 https://www.aphorismen.de/zitat/40923

141 Hier finden Sie die Homepages zu den genannten spirituellen Persönlichkeiten: **Anselm Grün**: https://de.wikipedia.org/wiki/Anselm_Gr%C3%BCn und https://www.anselm-gruen.de; **Richard Rohr**: https://de.wikipedia.org/wiki/Richard_Rohr und https://cac.org/richard-rohr/richard-rohr-ofm; **Jörg Zink**: https://de.wikipedia.org/wiki/J%C3%B6rg_Zink und https://www.joerg-zink.de; **Peter Dyckhoff**: https://de.wikipedia.org/wiki/Peter_Dyckhoff und http://www.peterdyckhoff.de; **Franz Jalics**: https://de.wikipedia.org/wiki/Franz_Jalics und https://www.haus-gries.de und https://www.hausgries.de/entstehung; **Uwe Böschemeyer**: https://de.wikipedia.org/wiki/Uwe_B%C3%B6schemeyer und http://www.boeschemeyer.at/menschen.html und Kurzdarstellung der Wertimagination: http://wertekosmos.de/wertimagination

142 **Kühner**, Axel, Aus gutem Grund. Impulse für jeden Tag, Neukirchen-Vluyn 2004, 7.

143 **Ernst**, Heiko, Das gute Leben. Der ehrliche Weg zum Glück, Berlin 2005, 9.

144 **Lechleitner**, Norbert, Balsam für die Seele. Kraft – Überraschende Weisheitsgeschichten, die stark machen, Freiburg i. Br. 2013, 36-37.

145 **Epp**, Josef, Bevor ich auf der Strecke bleibe. Aus tiefen Quellen Kraft schöpfen, München 2012, 2. Auflage. Er macht dabei drei Hauptquellen aus: Die Quelle in mir, die Quelle im anderen und die Quelle in Gott.

146 **Grün**, Anselm, Quellen innerer Kraft. Erschöpfung vermeiden – Positive Energien nutzen, Freiburg i. Br., 2005.

147 **Rohr**, Richard, Pure Präsenz. Sehen lernen wie die Mystiker, München 2010, 2. Auflage, 146-147.

148 **Tolle**, Eckhart, Stille spricht. Wahres Sein berühren, München 2003, 6. Auflage, 114.

149 Ohne es je gewusst zu haben, entdeckte ich beim Schreiben dieses Buches, dass es dieses Lied in sich hat. Wer sich damit beschäftigt, der wird feststellen, dass dieses Kinderwiegenlied gar nicht »heimelig anmutend«, sondern verstörend realistisch brutal das Verlassenwerden eines Bübleins/Säuglings von der Mutter darstellt – ein Hinweis auf die hohe Säulingssterblichkeit in der frühen Neuzeit im Alpenvorland. Dieses Lied ist für mich ein Paradoxon: einerseits ein Hingezogensein zu Trost und Gewiegtwerden, andererseits die kalte Realität von Verlassenwerden und Tod. Der Text und Näheres über die tiefere Bedeutung dieses Liedes sind hier zu finden: https://de.m.wikipedia.org/wiki/Heidschi_Bumbeidschi, https://www.freitag.de/autoren/magda/heidschi-bumbeidschi-codewort-himmel
In Deutschland schafften es die Interpretationen von **Peter Alexander** (1965), **Heintje** (1968) und **Andrea Berg** (1999) in die Charts. Der Text wurde dafür jeweils in abgemilderter oder völlig veränderter Form in die hochdeutsche Sprache übertragen. Die bekannteste und erfolgreichste Interpretation stammt hierbei von Heintje aus dem Jahr 1968, die sich 16 Wochen in den deutschen Top-10 der Charts hielt, davon 8 Wochen auf Platz eins. Für mich ist aber die Interpretation von **Esther Ofarim** am beeindruckendsten: https://youtu.be/0HWmylxDwdA

150 **Teresa von Avila**, Die Seelenburg, Die sieben inneren Wohnungen der Seele, Köln 2012.

151 Vgl. **Buob**, Hans, Tür nach innen. Wege zum inneren Gebet, Hochaltingen 2001, 30-34 oder **Kirchgessner**, Bernhard/**Betz**, Otto, Teresa von Avila. Unterwegs zur Quelle, Fulda 2015, 81-142.

152 **Grün**, Anselm, Der innere Raum, Stuttgart 2007, 10.

153 »*Leben*«, so schreibt der spanische Philosoph **Ortega y Gasset**, »*bedeutet die unerbittliche Notwendigkeit, den Daseinsentwurf, den ein jedes Individuum darstellt, zu verwirklichen. Dieser Entwurf, aus dem das Ich*

besteht, ist keine Idee und kein von dem betreffenden Menschen erdachter und frei gewählter Plan. Er geht allen Ideen, welche die Vernunft sich bilden mag, und allen Willensentscheidungen voraus. Mehr noch: Wir haben gewöhnlich von ihm nur eine undeutliche Kenntnis. Dennoch ist er unser echtes Sein, unser Schicksal. Mein Wille ist frei, diesen Lebensentwurf, der ich eigentlich bin, zu verwirklichen oder nicht; aber ihn verbessern, verändern, von ihm absehen oder ihn ersetzen kann er nicht. Ich bin unausweichlich diese einmalige geplante Person, die sich realisieren muss … Das Leben ist seiner innersten Beschaffenheit nach ein Drama, denn es besteht aus einem leidenschaftlichen Kampf mit den Dingen und überdies mit unserer Anlage, dem Kampf, durch den wir in Wirklichkeit zu werden suchen, was wir im Entwurf sind … Das Fesselndste ist nicht der Kampf des Menschen mit der Welt, mit seinem äußeren Schicksal, sondern sein Kampf mit seiner Berufung.«, in: **Kurz**, Wolfram, Zu werden, der man in der Tiefe seiner Seele ist, in: **Hadinger**, Boglarka (Hrsg.), Mut in Zeiten der Resignation. Betrachtungen zur Bestimmung des Menschen, Tübingen 2004, 101-102.

154 **Kreitmeir**, Christoph, Sehnsucht Spiritualität, Gütersloh 2014, 179-205. »*Ich bin Uwe Böschemeyer sehr dankbar dafür, dass er die Not heutiger Menschen erkannt hat, die hauptsächlich in der metaphysischen Hauslosigkeit und Sinnlosigkeit ihre Wurzeln hat. Konfessionsübergreifend, auf Philosophie, Theologie (vor allem Paul Tillich, Helmut Thielicke und Jörg Zink) und Psychologie (hier in besonderer Weise C. G. Jung und Viktor E. Frankl) aufbauend findet Böschemeyer durch die Wertimagination Wege zum Menschen, die mit Esoterik oder Schamanentum nichts zu tun haben, sondern fest in der christlichen Spiritualität verankert sind. Menschen von heute suchen keine theoretischen Antworten auf ihre drängende Sinn- und Gottessuche, sondern solche Antworten, die mit gelebtem Leben zu tun haben.*«, ebd., 203-204.

155 **Davis**, Bruce, Das magische Kind in dir, Planegg 1989, 3. Auflage.

156 **Stahl**, Stefanie, Das Kind in dir muss Heimat finden. Der Schlüssel zur Lösung (fast) aller Probleme, München 2015, 21. Auflage.

157 Hier sei auf das sehr lesenswerte Buch des Theologen und Psychologen **Wunibald Müller** hingewiesen, das über Wege der Versöhnung mit dem eigenen Schatten Goldadern im Innern der Seele findet und dabei Kraftquellen freilegt: **Müller**, Wunibald, Das Gold im Dunkeln der Seele finden. Neue Kraft aus verborgenen Quellen, Ostfildern 2015.

158 Ebd., 25-26.

159 Der amerikanische Franziskaner **Richard Rohr** beschreibt dies drastisch, aber wahr: »*Das Ringen mit dem eigenen Schatten, die Konfrontation mit inneren Konflikten oder eigenem moralischem Versagen, das Erleben von Zurückweisung und Nichtannahme, alltägliche Demütigun-*

gen, die Erfahrung von Missbrauch jedweder Art oder andere Grenzerfahrungen – sie alle sind mögliche Zugänge zu einer tieferen Bewusstheit und zum Aufblühen der Seele. Solche Erfahrungen stellen ein vorzügliches Fenster zum nackten Nun dar, ein Fenster, durch das uns unsägliche Widersprüche anstarren. Dringend anstehende Heilungsprozesse, die Vergebung dessen, was ist, und das ›Beweinen‹ und Annehmen der eigenen inneren Armut und der eigenen Widersprüchlichkeit sind normalerweise nötig, damit jemand in den Raum des kontemplativen Geistes eingeladen werden kann.«, in: **Rohr**, Richard, Pure Präsenz. Sehen lernen wie die Mystiker, München 2010, 2. Auflage, 150.

160 **Pascal**, Blaise, Gedanken über die Religion: *»Als ich es zuweilen unternommen habe, die ruhelose Geschäftigkeit der Menschen zu betrachten, wie auch die Gefahren und Strapazen, denen sie sich bei Hofe und im Kriege aussetzen, habe ich häufig gesagt, dass das ganze Unglück der Menschen aus einem einzigen Umstand herrühre, nämlich dass sie nicht ruhig in einem Zimmer bleiben können.*
Wenn ein Mann, der genug Vermögen zum Leben hat, es verstünde, vergnügt zu Hause zu bleiben, so würde er nicht ausziehen, um über das Meer zu fahren oder sich an der Belagerung einer Festung zu beteiligen (...) Welche Lage man sich auch immer vor Augen führen mag, wenn man alle Güter zusammenhäuft, die uns gehören können, so ist die Königswürde doch die schönste Stellung der Welt.
Und trotzdem, wenn man sich denkt mit ihr und allen Befriedigungen versehen zu sein, wenn der Betreffende ohne Zerstreuung ist und man ihn Betrachtungen und Überlegungen darüber, was er ist, anstellen lässt - so wird dieses schwache Glück ihm nichts helfen - er wird notgedrungen in Gedanken über jene Geschehnisse verfallen, die ihn bedrohen, über die Empörungen, die eintreten können, und schließlich über den Tod und die Krankheiten, die unausbleiblich sind, so dass er nun, wenn ihm das fehlt, was man Zerstreuung nennt, unglücklich ist und unglücklicher als der Geringste seiner Untertanen, der spielt und sich zerstreut (...).
Daher kommt es, dass die Menschen das Getümmel und die Aufregung so gern haben. Daher kommt es, dass das Gefängnis eine so schreckliche Qual ist, daher kommt es, dass die Freude an der Einsamkeit etwas Unbegreifliches ist. Und schließlich ist es die große Ursache des Glücks in der Stellung der Könige, dass man unablässig versucht, sie zu zerstreuen und ihnen alle Arten von Vergnügungen zu verschaffen. Der König ist von Leuten umgeben, die nur daran denken, den König zu zerstreuen und ihn davon abzuhalten, an sich selbst zu denken. Denn er ist unglücklich, so sehr er auch König ist, sobald er daran denkt.«, in: http://www.otium-bremen.de/js/index.htm?/autoren/a-pascal.htm

161 **Mailänder**, Daniela, Herzheimat. Dort ankommen, wo Gott auf dich wartet, Holzgerlingen 2018.

162 Ebd., Klappentext.

163 Folgendes Buch bearbeitet das Beschriebene theoretisch und praktisch mit Übungen: **Lincoln**, Peter, Der Raum in mir. Schritte auf dem Weg zur Stille. Mit Übungen für den Alltag, Neukirchen-Vluyn 2009.

164 »Sound of silence« ist eines der berühmten Lieder des amerikanischen Sängerduos **Simon and Garfunkel**. Es gehört zu den 500 besten Songs aller Zeiten: https://de.wikipedia.org/wiki/The_Sound_of_Silence. Interessant und meistens nicht bekannt ist die ursprünglich von Paul Simon ganz anders gemeinte Bedeutung dieses Liedes: *»In dem Lied von Paul Simon ›The sound of silence‹ symbolisierte Stille den Zusammenbruch der zwischenmenschlichen Kommunikation; Stille war ein Abgrund von Sinnlosigkeit, in dem Generationen und einzelne Menschen aneinander vorbeiredeten. Ob man zu den politisch engagierten 68ern oder eher zu der von der Liebe begeisterten Hippie-Bewegung gehörte, damals war nicht die Zeit für die Stille oder das Schweigen, sondern für lautes Diskutieren und Demonstrieren, für Musik und Protest.«*, in: **Lincoln**, Peter, Der Raum in mir ..., 168-169.

165 Ebd., 4.; katholisch.de hat hier bedeutende Zitate von Teresa von Avila zusammengestellt: https://www.katholisch.de/aktuelles/aktuelle-artikel/die-frau-der-groen-worte

166 https://www.wiwo.de/erfolg/management/das-gute-leben-blaise-pascal-oder-von-der-unrast/20708270-5.html

167 Ebd.

168 **Nuber**, Ursula, Editorial zum Psychologie-Heute-Heft »Heilkraft Meditation«, in: Psychologie Heute, 45. Jg., März 2018, 3.

169 Näheres hierzu bietet gut zusammengefasst folgender Artikel: **Schönberger**, Birgit, Die heilende Kraft der Meditation, in: Psychologie Heute, 45. Jg., März 2018, 18-23.

170 **Interview** Birgit Schönberger mit Joachim Galuska: »Meditation wurde nicht entwickelt, damit Menschen entspannter sind«, in: Psychologie Heute, 45. Jg., März 2018, 24-25.

171 Interview »Stille muss man lernen«, in: Psychologie Heute, 46. Jg., Januar 2019, 26-27.

172 **Bohl**, Cornelius, Editorial - Stille, in: Franziskaner. Magazin für franziskanische Kultur und Lebensart, Winter 2018, 3.

173 **Federbusch**, Stefan/**Meinhardt**, Kerstin, Stille. Eine Hilfestellung für den Alltag, in: Franziskaner. Magazin für franziskanische Kultur und Lebensart, Winter 2018, 13.

174 Folgende Gedanken verdanke ich der ehemaligen Chefredakteurin

von Psychologie Heute, Ursula **Nuber**, in ihrem Editorial zum Psychologie-Heute-Heft »Die Stärke der Stillen«, in: Psychologie Heute, 45. Jg., Februar 2018, 3. Als beste Beispiele für erfolgreiche introvertierte Persönlichkeiten nennt sie den Schauspieler Matthias Brandt, den Regisseur Steven Spielberg, den Apple-Mitbegründer Steve Wozniak oder die Harry-Potter-Schriftstellerin, Drehbuchautorin und Regisseurin Joanne K. Rowling. Im Sommer 2019 veröffentlichte Psychologie Heute compact ein ganzes Heft (Nr. 57) mit dem Titel »Still und stark. Wie sich sensible und introvertierte Menschen in einer lauten Welt behaupten«.

175 **Otto**, Anne, Die Stärke der Stillen, in: Psychologie Heute, 45. Jg., Februar 2018, 26.

176 Ausspruch des hl. **Franz von Sales**, hier gefunden: **Zink**, Jörg, Dornen können Rosen tragen. Mystik – Die Zukunft des Christentums, Stuttgart, 1997, 27.

177 Der Soziologe **Max Weber** (1864-1920) nannte sich selbst »religiös unmusikalisch«, siehe: https://www.evangelisch.de/inhalte/93909/21-04-2014/der-forscher-der-sich-religioes-unmusikalisch-nannte Diese Formulierung einer ambivalenten Haltung gegenüber Religion und Spiritualität verwendete der Philosoph **Jürgen Habermas** auch gerne für sich und sein Verhältnis oder Nichtverhältnis allem Transzendenten gegenüber: »*Wer sich selbst als »religiös unmusikalisch« bezeichnet, sagt eben nicht, er sei »unreligiös«, sondern signalisiert vielmehr: Seht her, eigentlich bin ich ja überzeugt davon, dass Religion notwendig ist, ja wunderbar sein kann. Aber, ich selbst kann nicht religiös sein, ich bin dazu nicht begabt. Religiosität wird analog zu Musikalität gesetzt, als etwas beschrieben, wofür man sich nicht entscheiden kann (»ich will musikalisch sein!«), als eine Begabung, die manche »haben«, andere nicht.*«, in: **Kaesler**, Dirk, Religiös unmusikalisch. Anmerkungen zum Verhältnis von Jürgen Habermas zu Max Weber, https://literaturkritik.de/id/13142

178 **Ganslmayer**, Hugo, Salzkonfekt. Andachten für Genießer, Gießen 2017, 32.

179 Ebd., 33.

180 https://de.wikipedia.org/wiki/Rainer_Maria_Schie%C3%9Fler

181 https://www.randomhouse.de/Autor/Rainer-M--Schiessler/p584631.rhd

182 https://www.st-michael-muenchen.de/index.php?id=23

183 https://www.st-michael-muenchen.de/fileadmin/Redaktion/Predigten_MP3/2018/Predigt_Karl_Kern_SJ_St_Michael_120818.mp3

184 **Kern**, Karl, Jesus zuhören. Der Christ der Zukunft nach Lukas, Straubing 2018; siehe auch: https://www.abendzeitung-muenchen.de/inhalt.neuerscheinung-karl-kern-jesus-zuhoeren-der-christ-der-zukunft-nach-lukas.49128d8e-577f-47f4-b9cd-4dc2d81ee6c6.html

185 **Renz**, Monika, Der Mystiker aus Nazaret. Jesus neu begegnen – Jesuanische Spiritualität, Freiburg i. Br. 2013, 18; mehr zu **Monika Renz**: http://www.monikarenz.ch/de/index.php

186 Ebd., 19-20.

187 https://de.wikipedia.org/wiki/Bernardin_Schellenberger und http://www.bernardin-schellenberger.de/index.html

188 **Tautor**, Amelie, Schellenberger: Kirche muss mystische Traditionen wiederentdecken, in: https://www.sonntagsblatt.de/artikel/mystik/spiritualitaet-mystik/schellenberger-kirche-muss-mystische-traditionen

189 https://de.wikipedia.org/wiki/David_Steindl-Rast und https://gratefulness.org/about/international-partners/bruder-david

190 https://www.sonntagsblatt.de/artikel/mystik/spiritualitaet-mystik/anselm-gruen-einfuehrung-die-christliche-mystik

191 Ebd.

192 Wenn man im Internet unter dem Stichwort »Exerzitien im Alltag« sucht, kann man eine Vielzahl von Angeboten der evang. und kath. Kirchen finden.

193 https://de.wikipedia.org/wiki/Jahr_der_Stille_2010#cite_note-JDS-1

194 Als Beispiel möchte ich hier die Ausgabe 12/2018 der Zeitschrift »emotion – 100 % echtes Leben« mit dem Titelthema »Mehr Raum für mich!« erwähnen. Nach anfänglichem Durchblättern am Kiosk dachte ich mir, dass dieses Dezemberheft aktuell, modern und inspirierend für mein Buchthema sein könnte. Themen, wie »*Mehr Raum für mich. Was die innere Ruhe und Gelassenheit (auch) mit Quadratmetern zu tun hat*«, »*Heimat in sich selbst finden. Bestseller-Autorin Brené Brown über Eigenständigkeit ohne Einsamkeit*« oder »*Aufräumen für die Seele. Sorgt äußere Ordnung auch für inneres Gleichgewicht?*« weckten in mir Hoffnung nach interessanten Ansätzen, hinterließen aber nach der Lektüre nur ein »So, what?« – »Was soll das?«. Ich glaube nicht, dass es nur daran liegt, dass ich als Mann diese eher als Frauenzeitschrift anzusehende Veröffentlichung nicht verstand. Es gab Zeiten, da lieferte »emotion« schon Tiefergehendes und Wertvolleres …

195 **Zink**, Jörg, Dornen können Rosen tragen. Mystik – Die Zukunft des Christentums, Stuttgart 1997.

196 **Rössler**, Andreas, Interview mit Jörg Zink: Mystik – die Zukunft des Christentums?»Die Christusbotschaft leben«: Der Theologe und Publizist Jörg Zink wird 75, in: Sonntagsblatt. Evangelische Wochenzeitung für Bayern, 47/1997 (23. November 1997), 4.

197 **Zink**, Jörg, Die goldene Schnur. Anleitung zu einem inneren Weg, Stuttgart 1999.

198 **Zink**, Jörg, Gottesgedanken. Vom inneren Weg eines Christen, Gütersloh 2012.

199 Ebd, 11-12.

200 **Zink**, Jörg, Gotteswahrnehmung. Wege religiöser Erfahrung, Gütersloh 2009.

201 **Vorländer**, Wolfgang, Christlicher Glaube im 21. Jahrhundert. Intellektuelle Redlichkeit, Rücknahme von Projektionen, Transzendenz-Offenheit: Schritte zu einer modernen Mystik, in: http://www.vorlaender-lebensweise.de/wp-content/uploads/2016/11/Christlicher-Glaube-im-21.-Jahrhundert.pdf

202 **Steffensky**, Fulbert, Schwarzbrotspiritualität, Stuttgart 2006; ein Interview mit ihm zum Thema »Das Alltägliche schätzen«: http://www.ageh.de/informationen/con_06/con_4_06/Interview_Steffensky.pdf

203 Gott in der Mystik erfahren?, in: https://kernfragen-des-glaubens.de/7-gott-in-der-mystik-erfahren

204 **Meister Eckhart**: Reden der Unterweisung. Ins Neuhochdeutsche übertr. von Josef Quint, Frankfurt a. M., 1963 (7 Auflage), 60.

205 Es spricht Meister Eckhart: Nötiger wäre ein Lebemeister als tausend Lesemeister; aber lesen und leben ohne Gott, dazu kann niemand kommen. Wollte ich einen Meister von der Schrift suchen, den suchte ich in Paris und in den hohen Schulen hoher Wissenschaft. Aber wollte ich nach vollkommenem Leben fragen, davon könnte er mir nichts sagen. Wohin sollte ich dafür gehen? Allzumal nirgends anders als in eine nackte entledigte Natur: die könnte mir kund tun, wonach ich sie in Ehrfurcht fragte. Leute, was sucht ihr an dem toten Gebein? Warum sucht ihr nicht das lebendige Heil, das euch ewiges Leben geben kann? Denn der Tote hat weder zu geben noch zu nehmen. Und sollte ein Engel Gott ohne Gott suchen, so suchte er ihn nirgends anders als in einer entledigten nackten abgeschiedenen Kreatur. Alle Vollkommenheit liegt daran, dass man Armut und Elend und Schmach

und Widerwärtigkeit und alles, was dir zustoßen und dich bedrükken kann, willig, fröhlich, frei, begierig und bereit und unbewegt leiden kann und bis an den Tod dabei bleiben ohne alles Warum, in: http://www.zeno.org/Philosophie/M/Meister+Eckhart/Predigten, +Traktate,+Spr%C3%BCche/Fragmente+und+Spr%C3%BCche/ Spr%C3%BCche

206 **Grün**, Anselm, Spiritualität. Ein ganzer Mensch sein, Freiburg i. Br. 2011, 23-24.

207 **Kurz**, Wolfram, Zu werden, der man in der Tiefe seiner Seele ist, in: **Hadinger**, Boglarka (Hrsg.), Mut in Zeiten der Resignation. Betrachtungen zur Bestimmung des Menschen, Tübingen 2004, 97-111. Die vier Stufen sind in genauerer Ausführung auf S. 100 im genannten Artikel zu finden.

208 Vgl. auch **Schmidbauer**, Wolfgang, Alles oder nichts. Über die Destruktivität von Idealen, Reinbek b. Hamburg 1980.

209 Hier gefunden: **Kreichgauer**, Dominique, Verwurzelt und geborgen. Wo meine Seele Heimat findet, Leipzig 2018, 73.

LITERATURVERZEICHNIS

Auburtin, Victor, Einer bläst die Hirtenflöte, Berlin 1940.

Ayan, Steve, Flieg, Gedanke, flieg, in: Spektrum der Wissenschaft – Gehirn & Geist (Psychologie. Hirnforschung. Medizin), Tagträumen. Im Ruhemodus bringt das Gehirn kreative Ideen hervor, Heidelberg, 04/2016, 13-17.

Baer, Udo / **Frick-Baer**, Gabriele, Vom Sehnen und Wünschen, Bibliothek der Gefühle, Band 3, Neukirchen-Vluyn 2002.

Böschemeyer, Uwe, Unsere Tiefe ist hell. Wertimagination – ein Schlüssel zur inneren Welt, München 2005.

Bohl, Cornelius, Editorial – Stille, in: Franziskaner. Magazin für franziskanische Kultur und Lebensart, Winter 2018, 3.

Bonhoeffer, Dietrich, Widerstand und Ergebung. Briefe und Aufzeichnungen aus der Haft, Gütersloh 2016, 22. Auflage.

Brand, Ulrich, Der Schritt in die Stille. Hinführung zur Musikmeditation, München 1985.

Bünker, Öster D., Die Güte des Meisters wiegt mehr als ein Berg. Weisheitsgeschichten, Freiburg-Basel-Wien 1998.

Buob, Hans, Tür nach Innen. Wege zum inneren Gebet, Hochaltingen 2001.

Candolini, Gernot, Die Kathedrale. Heimat für die Seele, Freiburg i. Br. 2017.

Dahlke, Ruediger, Das Schattenprinzip. Die Aussöhnung mit unserer verborgenen Seite, München 2010, 10. Auflage.

Davis, Bruce, Das magische Kind in dir, Planegg 1989, 3. Auflage.

Der Spiegel Wissen. Heimat. Annäherung an ein schwieriges Gefühl, Dezember 2016.

Meister Eckhart, Reden der Unterweisung. Ins Neuhochdeutsche übertr. von Josef Quint, Frankfurt a. M., 1963, 7. Auflage.

Epp, Josef, Bevor ich auf der Strecke bleibe. Aus tiefen Quellen Kraft schöpfen, München 2012, 2. Auflage.

Ernst, Heiko, Ganz bei sich sein. Warum wir so dringend Alleinzeit brauchen, in: Psychologie Heute, 30. Jg., 9/2003, 20-27.

Ernst, Heiko, Das gute Leben. Der ehrliche Weg zum Glück, Berlin 2005.

Ernst, Heiko, Innenwelten. Warum Tagträume uns kreativer, mutiger und gelassener machen, Stuttgart 2011.

Esch, Tobias, Der Selbstheilungscode: Die Neurobiologie von Gesundheit und Zufriedenheit, Weinheim 2018.

Federbusch, Stefan / **Meinhardt**, Kerstin, Stille. Eine Hilfestellung für den Alltag, in: Franziskaner. Magazin für franziskanische Kultur und Lebensart, Winter 2018, 13.

Fritsch, Marlene (Hg.), Das kleine Buch für zwischendurch – Freude, Freiburg i. Br. 2012.

Ganslmayer, Hugo, Salzkonfekt. Andachten für Genießer, Gießen 2017.

Garth, Alexander, Zweifel hat Gründe, Glaube auch, Holzgerlingen 2014.

Geißler, Karlheinz A., Zeit – verweile doch. Lebensformen gegen die Hast, Freiburg-Basel-Wien 2000.

Grün, Anselm, Bleib deinen Träumen auf der Spur. Buch der Sehnsucht, Freiburg i. Br., 2003, 4. Auflage.

Grün, Anselm, Quellen innerer Kraft. Erschöpfung vermeiden – Positive Energien nutzen, Freiburg i. Br., 2005.

Grün, Anselm, Der innere Raum, Stuttgart 2007.

Grün, Anselm, Mystik. Den inneren Raum entdecken, Freiburg i. Br. 2009.

Grün, Anselm / **Müller**, Wunibald, Wer bist Du, Gott?, München 2010.

Grün, Anselm, Spiritualität. Ein ganzer Mensch sein, Freiburg i. Br. 2011.

Grün, Anselm / **Müller**, Wunibald, Was ist die Seele? Mein Geheimnis – meine Stärke, München 2011, 2. Auflage.

Halbfas, Hubertus, Der Sprung in den Brunnen, Ostfildern 2016, 19. Auflage.

Hantel-Quitmann, Wolfgang R., Sehnsucht – das unstillbare Gefühl, Stuttgart 2011.

Harles, Michael, Nimm dir Zeit, genieß das Leben! Von der Kunst, gelassen und glücklich zu sein, Münster 2008.

Haubl, Rolf, Lebenskunst: Die Fähigkeit, mit sich allein zu sein, in: Psychologie Heute, 36. Jg., 3/2009, 20-23.

Hecht, Martin, Zum Glück allein. Warum Sie bei sich selbst gut aufgehoben sind, in: Psychologie Heute, 42. Jg., 12/2015, 18-23.

Henzler, Theodor, Wo sich die Seele zu Hause fühlt, in: Publik-Forum Extra, Stille – Der Klang der Ewigkeit, 6/2008, 21-22.

Homfeldt, Rita, Rendezvous mit mir. Die Momente des Alleinseins, in: Bayern 2, Evangelische Perspektiven, 2. Dezember 2018, 8, auch online: https://www.br.de/radio/bayern2/service/manuskripte/evangelische-perspektive/manuskriptevangelischeperspektiven-316.html#link

Interview Birgit Schönberger mit Joachim Galuska: »Meditation wurde nicht entwickelt, damit Menschen entspannter sind«, in: Psychologie Heute, 45. Jg., März 2018, 24-25.

Interview »Stille muss man lernen«, in: Psychologie Heute, 46. Jg., Januar 2019, 26-27.

Jewtuschenko, J. A., Herzstreik, Gedichte, Hamburg 1996.

Jung, Matthias, Was bleibt von der Seele, in: Psychologie Heute, 46. Jg., 2/2019, 32-36.

Kern, Karl, Jesus zuhören. Der Christ der Zukunft nach Lukas, Straubing 2018.

Kirchgessner, Bernhard / **Betz**, Otto, Teresa von Avila. Unterwegs zur Quelle, Fulda 2015.

Klessmann, Michael, Ambivalenz und Glaube. Warum sich in der Gegenwart Glaubensgewissheit zu Glaubensambivalenz wandeln muss, Stuttgart 2018.

Koch, Manfred, Faulheit. Eine schwierige Disziplin, Springe 2012.

Kreichgauer, Dominique, Verwurzelt und geborgen. Wo meine Seele Heimat findet, Leipzig 2018.

Kreitmeir, Christoph, Sinnvolle Seelsorge. Der existenzanalytisch-logotherapeutische Entwurf Viktor E. Frankls, sein psychologischer und philosophischer Standort und seine Bedeutung für die kirchlich-praktische Seelsorge, St. Ottilien 1999, 2. Auflage.

Kreitmeir, Christoph, Sehnsucht Spiritualität, Gütersloh 2014.

Kreitmeir, Christoph, Zeit für mich – Zeit für Gott. Seelennahrung für Advent und Weihnachten, Gütersloh 2017, 2. Auflage.

Kreitmeir, Christoph, Glaube an die Kraft der Gedanken. Franziskanische Impulse zu einem neuen Lebensstil, Gütersloh 2018, 5. Auflage.

Krejci, Walter, ROMANTIK 2.0 – Warum wir uns wieder nach ihr sehnen sollen, in: Abenteuer Philosophie Magazin Nr. 147 (01/2017), 44-47.

Kreppold, Guido, Kranke Bäume. Kranke Seelen. Franziskus von Assisi eine Antwort?, Münsterschwarzacher Kleinschrift Nr. 35, Münsterschwarzach 1998.

Kühner, Axel, Aus gutem Grund. Impulse für jeden Tag, Neukirchen-Vluyn 2004.

Küstenmacher, Marion, Dahinter ist alles Licht. Der weise Lebenswanderer. Zu Jörg Zinks Mystik, in: Publik-Forum Extra Jörg Zink. Die Weite des Herzens, Dezember 2012, 23-24.

Kurz, Wolfram, Zu werden, der man in der Tiefe seiner Seele ist, in: **Hadinger**, Boglarka (Hrsg.), Mut in Zeiten der Resignation. Betrachtungen zur Bestimmung des Menschen, Tübingen 2004, 97-111.

Lechleitner, Norbert, Balsam für die Seele. Kraft – Überraschende Weisheitsgeschichten, die stark machen, Freiburg i. Br. 2013.

Lincoln, Peter, Der Raum in mir. Schritte auf dem Weg zur Stille. Mit Übungen für den Alltag, Neukirchen-Vluyn 2009.

Lütz, Manfred, Gott. Eine kleine Geschichte des Größten, München 2007.

Lukas, Elisabeth, Geborgensein – worin? Logotherapeutische Leitlinien zur Rückgewinnung des Urvertrauens, Freiburg i. Br. 1993.

Mailänder, Daniela, Herzheimat. Dort ankommen, wo Gott auf dich wartet, Holzgerlingen 2018.

Maitland, Sara, Das Buch der Stille. Über die Freuden und die Macht von Stille, Berlin 2017.

Meesmann, Hartmut, Interview mit Wolfram Kurz: In jedem Herzen ist Raum für mehr, in: Publik-Forum Extra Thema Sehnsucht, November 2016, 24-26.

Meinhardt, Anna Lea, 56 Stunden Schweigen – ein Versuch, in: Franziskaner – Magazin für franziskanische Kultur und Lebensart, Winter 2018 mit dem Hauptthema »Stille. Tiefe Sehnsucht und große Herausforderung«, 12-13.

Mischel, Walter, Der Marshmallow Test. Willensstärke, Belohnungsaufschub und die Entwicklung der Persönlichkeit, München 2016.

Morgenroth, Matthias, Es geht um das Ganze. Ein Gespräch mit Jörg Zink zum 90. Geburtstag, in: Publik-Forum Extra Jörg Zink. Die Weite des Herzens, Dezember 2012, 13-15.

Müller, Wunibald, Das Gold im Dunkeln der Seele finden. Neue Kraft aus verborgenen Quellen, Ostfildern 2015.

Nissing, Hanns-Gregor (Hrsg.), Was ist Wahrheit? Zur Kontroverse um die Diktatur des Relativismus, München 2011.

Nuber, Ursula, Wie man sich selbst und anderen Gesellschaft leistet. Strategien zur Überwindung der Einsamkeit, in: Psychologie Heute, 24. Jg., 11/1997, 27-29.

Nuber, Ursula, Editorial zum Psychologie-Heute-Heft »Die Stärke der Stillen«, in: Psychologie Heute, 45. Jg., Februar 2018, 3.

Nuber, Ursula, Editorial zum Psychologie-Heute-Heft »Heilkraft Meditation«, in: Psychologie Heute, 45. Jg., März 2018, 3.

Otto, Anne, Die Stärke der Stillen, in: Psychologie Heute, 45. Jg., Februar 2018, 19-26.

Pfersdorf, Silke, Stille, in: Psychologie Heute, 46. Jg., 1/2019, mit dem Hauptthema »Stille. Wie wir in einer lauten Welt Ruhe in uns selbst finden«, 19-24.

Polednitschek, Thomas, Wunschloses Unglück, in: Theologie der Gegenwart, 49. Jg., 2006, 104-117.

Renz, Monika, Der Mystiker aus Nazaret. Jesus neu begegnen – Jesuanische Spiritualität, Freiburg i. Br. 2013.

Rössler, Andreas, Interview mit Jörg Zink: Mystik – die Zukunft des Christentums? »Die Christusbotschaft leben«: Der Theologe und Publizist Jörg Zink wird 75, in: Sonntagsblatt. Evangelische Wochenzeitung für Bayern, 47/1997 (23. November 1997), 4.

Rohr, Richard, Pure Präsenz. Sehen lernen wie die Mystiker, München 2016, 7. Auflage.

Rosa, Hartmut, Beschleunigung und Entfremdung. Entwurf einer kritischen Theorie spätmoderner Zeitlichkeit, Frankfurt a. M., 2013.

Rosenkranz, Jan / **Burkard**, Hans-Jürgen, Früher Heino, heute hip, in: stern, 31/2018 (26.7.2018), 40-41.

Safranski, Rüdiger, Romantik. Eine deutsche Affäre, Frankfurt a. M. 2013, 5. Auflage.

Schambeck, Mirjam, Unbehauste Heimat. Von der Sehnsucht anzukommen, Band 15 der Franziskanischen Akzente, Würzburg 2017.

Schleske, Martin, Der Klang. Vom unerhörten Sinn des Lebens, München 2010, 12. Auflage.

Schleske, Martin, Herztöne. Lauschen auf den Klang des Lebens, Asslar 2016.

Schmid, Wilhelm, Mit sich selbst befreundet sein. Von der Lebenskunst im Umgang mit sich selbst, Frankfurt 2007, 9. Auflage.

Schmid, Wilhelm, Nur wer die Sehnsucht kennt, in: Publik-Forum Extra Thema: Sehnsucht, November 2016, 3-5.

Schmid, Wilhelm, Selbstfreundschaft. Wie das Leben leichter wird, Berlin 2018.

Schmidbauer, Wolfgang, Alles oder nichts. Über die Destruktivität von Idealen, Reinbek b. Hamburg 1980.

Schneider-Stengel, Detlef / **Ganser-Kerperin**, Heiner, Meister der Spiritualität. Ein Lese- und Arbeitsbuch, Missio (Hg.), Aachen 2009.

Schönberger, Birgit, Die heilende Kraft der Meditation, in: Psychologie Heute, 45. Jg., März 2018, 18-23.

Schultz, Hans-Jürgen (Hrsg.), Einsamkeit, Stuttgart 1985.

Schweitzer, Ragnhild / **Schweitzer**, Jan, Fragen Sie weder Arzt noch Apotheker. Warum Abwarten oft die beste Medizin ist, Köln 2017.

Stahl, Stefanie, Das Kind in dir muss Heimat finden. Der Schlüssel zur Lösung (fast) aller Probleme, München 2015, 21. Auflage.

Steffensky, Fulbert, Schwarzbrotspiritualität, Stuttgart 2006.

Stutz, Pierre, Weite Räume des Staunens. Die Stille entlässt mich zu mir selbst, in: Publik-Forum Extra, Stille – Der Klang der Ewigkeit, 6/2008, 3.

Tamaro, Susanna, Geh, wohin dein Herz dich trägt, Zürich 1998.

Teresa von Avila, Die Seelenburg, Die sieben inneren Wohnungen der Seele, Köln 2012

Tolle, Eckhart, Stille spricht. Wahres Sein berühren, München 2003, 6. Auflage.

Tolle, Eckhart, Jetzt! Die Kraft der Gegenwart. Ein Leitfaden zum spirituellen Erwachen, Bielefeld 2008, 18. Auflage.

Tudor-Sandahl, Patricia, Verabredung mit mir selbst. Von der Kraft, die im Alleinsein liegt, Freiburg i. Br., 2010.

Vogel, Bernd-Joachim, »Ich möchte glauben lernen.« Wagnis und Bildung: Dietrich Bonhoeffers Theologie in hermeneutischer und bildungstheoretischer Zuspitzung, Dissertation an der Philosophischen Fakultät der Gottfried Wilhelm Leibniz Universität Hannover 2018.

Vorländer, Wolfgang, Christlicher Glaube im 21. Jahrhundert. Intellektuelle Redlichkeit, Rücknahme von Projektionen, Transzendenz-Offenheit: Schritte zu einer modernen Mystik, in: http://www.vorlaender-lebensweise.de/wp-content/uploads/2016/11/Christlicher-Glaube-im-21.-Jahrhundert.pdf

Walser, Martin, Heimatkunde. Aufsätze und Reden, Frankfurt a. M. 1972.

Weber, Doris, Heute bleibe ich bei mir …, ältere Version von 2011 in SWR2 Leben, 6, auch online: https://www.swr.de/-/id=8619132/property=download/nid=660174/1yhr2pd/swr2-leben-20111028.pdf

Weber, Doris, Heute bleibe ich bei mir. Über die Fähigkeit, allein zu sein, in: NDRInfo, Forum am Sonntag, Sonntag, 22.April 2018, 4, auch online: https://www.ndr.de/info/sendungen/forum_am_sonntag/allein130.pdf

Weiss, Andi, Heimat oder die Kunst, bei sich selbst zu Hause zu sein, München 2011.

Winnicott, D. W., Der Anfang ist unsere Heimat, Stuttgart 2009.

Wolf, Axel, Warten lohnt sich!, in: Psychologie Heute, 08/2017, Weinheim, 24-27.

Young, William Paul, Der Weg. Wenn Gott dir eine zweite Chance gibt, Berlin 2018, 4. Auflage.

Zink, Jörg, Dornen können Rosen tragen. Mystik – Die Zukunft des Christentums, Stuttgart, 1997.

Zink, Jörg, Die goldene Schnur. Anleitung zu einem inneren Weg, Stuttgart 1999.

Zink, Jörg, Gotteswahrnehmung. Wege religiöser Erfahrung, Gütersloh 2009.

Zink, Jörg, Gottesgedanken. Vom inneren Weg eines Christen, Gütersloh 2012.

Zita, Katrin, Die Kunst, allein zu reisen und bei sich selbst anzukommen, Berlin 2014.

QUELLENNACHWEIS

S. 20f.:	Anselm Grün, Wunibald Müller, Was ist die Seele? Mein Geheimnis – meine Stärke. © 2008 Kösel Verlag, München, in der Verlagsgruppe Random House GmbH.
S. 42:	Rabbi Isaaks Geduld: Öser D. Bünker, Die Güte des Meisters wiegt mehr als ein Berg. © 1998 Verlag Herder GmbH, Freiburg i.Br.
S. 43f.:	Heinrich Böll, Anekdote zur Senkung der Arbeitsmoral: Heinrich Böll, aus: Erzählungen, hg. von Jochen Schubert. © 2006, Verlag Kiepenheuer & Witsch GmbH & Co. KG, Köln.
S. 66:	Antony de Mello, Das göttliche Land: Fritsch, Marlene (Hg.), in: Das kleine Buch für zwischendurch – Freude, S. 11-12. © 2012 Verlag Herder GmbH, Freiburg i.Br.
S. 71f.:	Ola Persson, Beginne niemals außer dir: Patricia Tudor-Sandahl, Verabredung mit mir selbst. © 2013 Verlag Herder GmbH, Freiburg i.Br.
S. 83:	Axel Kühner, Wir sind völlig überfüllt, in: Axel Kühner, Aus gutem Grund. Impulse für jeden Tag. © 2004 Neukirchener Verlagsgesellschaft mbH, Neukirchen-Vluyn, S. 7.
S. 86:	Zum Meister kam ein Mann: Lechleitner, Norbert, in: Balsam für die Seele. Kraft – Überraschende Weisheitsgeschichten, die stark machen. © 2013 Verlag Herder GmbH, Freiburg i.Br.
S. 109 f.:	Berührt von Jesus: Monika Renz, in: Der Mystiker aus Nazaret. © 2013 Verlag Herder GmbH, Freiburg i.Br.

Trotz intensiver Recherche war es leider nicht in allen Fällen möglich, den jeweiligen Rechteinhaber ausfindig zu machen. Für Hinweise ist der Verlag dankbar, Rechtsansprüche bleiben gewahrt.

Bibliografische Information der Deutschen Nationalbibliothek
Die Deutsche Nationalbibliothek verzeichnet diese Publikation
in der Deutschen Nationalbibliografie; detaillierte bibliografische
Daten sind im Internet über https://portal.dnb.de abrufbar.

climate-id.com/12559-1708-1001

Verlagsgruppe Random House FSC® N001967

1. Auflage
Copyright © 2019 Gütersloher Verlagshaus, Gütersloh,
in der Verlagsgruppe Random House GmbH,
Neumarkter Str. 28, 81673 München

Sollte diese Publikation Links auf Webseiten Dritter enthalten,
so übernehmen wir für deren Inhalte keine Haftung, da wir uns
diese nicht zu eigen machen, sondern lediglich auf deren Stand
zum Zeitpunkt der Erstveröffentlichung verweisen.

Umschlagmotiv: pixabay.com
Druck und Bindung: Friedrich Pustet GmbH & Co. KG, Regensburg
Printed in Germany
ISBN 978-3-579-07036-0

www.gtvh.de

Den Geist entrümpeln und die Kraft positiver Gedanken aktivieren

Christoph Kreitmeir
Glaube an die Kraft der Gedanken
Franziskanische Impulse zu einem neuen Lebensstil

5. Auflage / 239 Seiten
geb. mit Schutzumschlag
ISBN 978-3-579-06590-8
Auch als E-Book erhältlich

Erfahren Sie mehr zu diesem Buch unter **www.gtvh.de**

Christoph Kreitmeir stellt Strategien vor, mit denen wir bewusst eine schärfere Wahrnehmung entwickeln können. Dem christlich Suchenden geben dabei die Quellen der christlichen Spiritualität neue Inspiration und Kraft. Ein Rat gebendes Buch an der Schnittstelle zwischen Spiritualität, Psychotherapie und Lebenshilfe – anschaulich, gut lesbar und mit Beispielen aus der Beratungspraxis.

GÜTERSLOHER
VERLAGSHAUS

Eine Ermunterung, den eigenen spirituellen Weg zu finden

Christoph Kreitmeir
Sehnsucht Spiritualität

288 Seiten / gebunden mit Schutzumschlag
ISBN 978-3-579-08514-2
Auch als E-Book erhältlich

Erfahren Sie mehr zu diesem Buch unter www.gtvh.de

Sehnsucht und Spiritualität – diesen Grundmotiven des menschlichen Suchens geht Christoph Kreitmeir in seinem Buch nach. Viele Menschen suchen heute nach gangbaren Wegen persönlicher Spiritualität – innerhalb und außerhalb der Kirchen. Wer seiner Sehnsucht nach Spiritualität folgt und sich auf die Suche macht, dessen Leben wird stimmiger, ganzheitlicher und erfüllter. Zeugnisse von Zeitgenossen füllen das Erzählte mit Leben.

GÜTERSLOHER
VERLAGSHAUS